コーチと入試対策！ 10日間 完成

中学3年間の総仕上げ

国語

0日目 …… 2

1日目 漢字 部首／二字熟語の構成／同訓異字・同音異義語 …… 6

2日目 語句 類義語・対義語／四字熟語／慣用句・ことわざ・故事成語 …… 10

3日目 文法① 文節／文の成分／品詞 …… 14

4日目 文法② 活用する自立語／活用しない自立語／付属語 …… 18

5日目 説明的文章① 指示する語句のとらえ方／接続する語句のとらえ方 …… 22

6日目 説明的文章② 要点のとらえ方／要旨のとらえ方 …… 26

7日目 文学的文章① 場面のとらえ方 …… 30

8日目 文学的文章② 心情のとらえ方／主題のとらえ方 …… 34

9日目 詩・短歌・俳句 表現技法／短歌・俳句の形式 …… 38

10日目 古文・漢文 歴史的仮名遣い／漢文の訓読のしかた …… 42

巻末特集1 入試によく出る！ 品詞の意味・用法 …… 46

巻末特集2 記述問題も怖くない！ 解き方テクニック …… 48

解答と解説 …… 別冊

この本のコーチ

・ハプニングにも動じない。
・帽子のコレクション多数。
・日々の散歩は欠かせない。

付録

- 入試チャレンジテスト
  「解答と解説」の前についている冊子
- 応援日めくり

0日目 コーチとの出会い

スポッ
!!
え

そこのきみ！ちょうどよかったーー！
その帽子，わしのなんだ～～！
わぁ
!!

ありがとなー
え…ひつじ？
しゃべるひつじ！?!?
ど，どうぞ…
コレおきにいりなんだよ

帽子の
お礼に
いいものを
あげよう！

テッテレー
ブのハでガード
入試が
不安な
きみたちには
コレ !!

コーチと入試対策！
10日間完成
中学3年間の総仕上げ
国語？
タイトル
そのまま
読む
2人…

そう！その名のとおり，たった10日間で
中学３年間の国語を総仕上げ
できるんだ !!!
コーチのわしと一緒に
そんなうまい話…あるかな…？

そのヒミツは…？
たべてる!!
ムシャ
ムシャ
めくってね！
コレ，実は
食べられる
紙なのだ

Point ①

要点を確認しよう で **最重要事項を確認！**

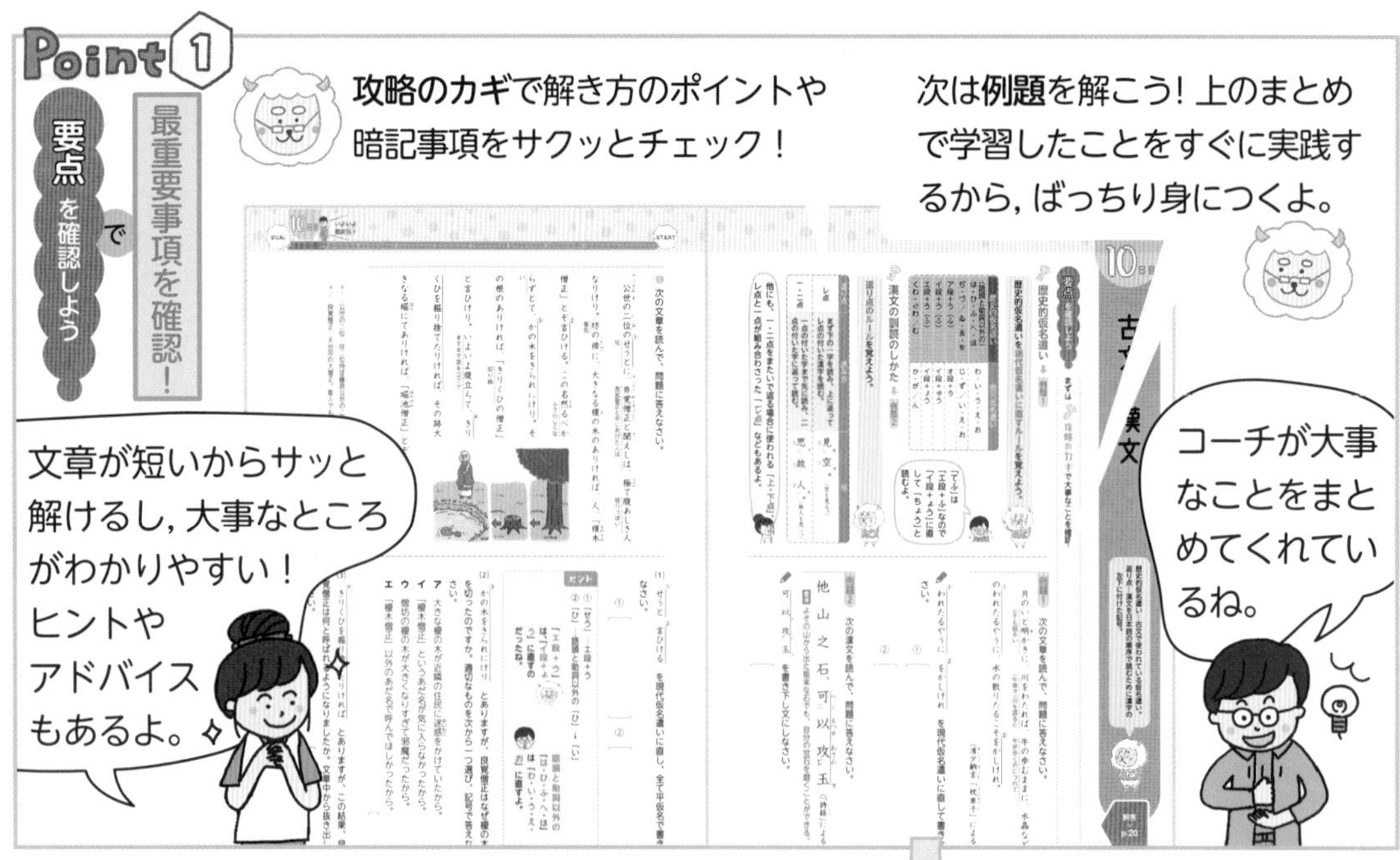
攻略のカギで解き方のポイントや暗記事項をサクッとチェック！
次は例題を解こう！ 上のまとめで学習したことをすぐに実践するから，ばっちり身につくよ。
文章が短いからサッと解けるし，大事なところがわかりやすい！ ヒントやアドバイスもあるよ。
コーチが大事なことをまとめてくれているね。

Point ②

問題を解こう で **実力チェック！**

時間をはかって100点満点のテストにチャレンジ！
ゴクリ
1日4ページ × 10日間ですっきり頭に入るしくみだよ！
あの〜
えっへん

記述問題ってさ，答えや解説を見ても，自分の答えが正解かわからないんだけど…。

わかる！

問題集あるあるだね！

Point ③

縮刷解答で答え合わせのモヤモヤをすっきり解決！

重要　参考　注意

これらのアイコンに注目！大事なところや注意すべきことなどがまとめてあるよ。

記述問題ワンポイントに，答え合わせをするときのポイントがまとめてある！ これなら自分で採点できちゃうね。

Point ④

点数を記録して弱点を発見！

ふりかえりシートもあるよ！

10日間ふりかえ

Point 6
日めくりもあるよ！
コトリ…
エーカワイイ

Point 5
まだまだ！巻末には入試チャレンジテスト！
ぐぐーっ
解答用紙もついてる！
入試当日をイメージして本番っぽくやってみようかな！

眺めるだけで楽しく覚えられそう～
おぉっ
ウラにも何かある…!?
ウラ面も見てみてね！

なかみもいいし付録もいい！
これならできそうな気がしてきたー
ヨカッタヨカッタ
合格めざしていっしょにがんばろうね！

おさらい

最後にさらなる実力アップ
「品詞の意味・用法」
「解き方テクニック」

1日4ページ

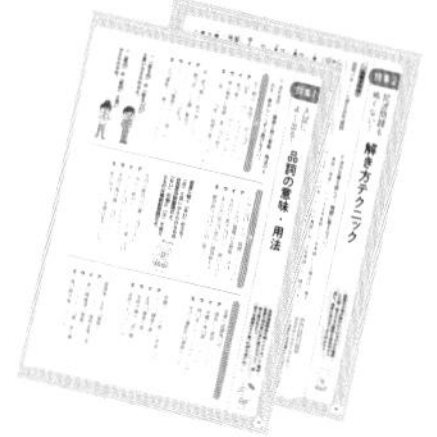

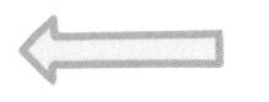

1日目～10日目

問題を解こう

要点を確認しよう

その日のうちに

「応援日めくり」

模擬テスト
「入試チャレンジテスト」

「ふりかえりシート」

漢字

熟語の構成をとらえるにも、同じ読み方の漢字を書き分けるにも、漢字一つ一つの意味を考えることが大切だよ。

解答 ＞ p.2

要点を確認しよう

まずは 攻略のカギで大事なことを確認！

部首

部首は、漢字を作る一部分で、それぞれ意味をもっているよ。例えば、「氵(さんずい)」は水に関係する意味を表すんだ。

部首は漢字のどの部分にあるかで七つに分類される！

分類	部首	例	部首	例
へん	氵(さんずい)	海・泳	月(にくづき)	肺・臓
かんむり	宀(うかんむり)	宿・安	艹(くさかんむり)	草・菜
たれ	广(まだれ)	店・広	疒(やまいだれ)	病・痛
かまえ	門(もんがまえ)	開・関	囗(くにがまえ)	国・囲
つくり	刂(りっとう)	利・刻	阝(おおざと)	郡・部
あし	灬(れんが)	熱・然	心(こころ)	忘・悲
にょう	辶(しんにょう)	道・遠	廴(えんにょう)	建・延

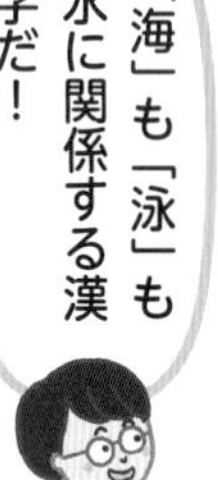
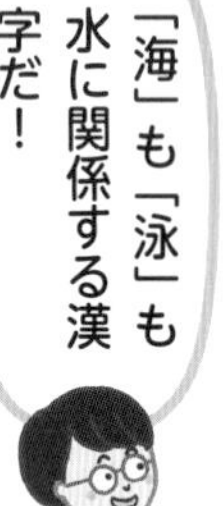

「海」も「泳」も水に関係する漢字だ！

二字熟語の構成

❶似た意味の字を重ねる。

例 学習（学ぶ＝習う）　道路（どちらも「みち」の意）

❷反対の意味の字を重ねる。

例 上下（上↔下）　進退（進む↔退く）

❸上の字と下の字が**主語・述語**の関係。

例 日没（日が没する）　県立（県が立てる）

❹上の字が下の字を**修飾**する。

例 青空（青い→空）　逆流（逆に→流れる）

❺下の字が上の字の**目的や対象**を示す。

例 開店（開ける←店を）　登山（登る←山に）

❻上の字が下の字を**打ち消す**。

例 無人（人がいない）　不足（足りない）

それぞれの漢字を訓読みすると、漢字の意味がわかるよ。

同訓異字・同音異義語

❶**同訓異字**…訓読みが同じで意味が違う漢字。

あつい
- 熱いお湯。
- 夏は暑い。
- 厚い板。

❷**同音異義語**…音読みが同じで、意味が違う言葉。

カンシン
- プログラミングに**関心**がある。
- 友達の考え方に**感心**する。

意味 興味（関係する心）
意味 感動（感動する心）

「熱湯」「残暑」など、その漢字を使った熟語も漢字の意味のヒントになるね。

1 次の漢字の部首名を後から一つずつ選び、記号で答えなさい。

① 庭〔　　〕 ② 葉〔　　〕
③ 間〔　　〕 ④ 通〔　　〕
⑤ 都〔　　〕 ⑥ 割〔　　〕
⑦ 脳〔　　〕 ⑧ 照〔　　〕

ア にくづき　**イ** りっとう　**ウ** おおざと
エ くさかんむり　**オ** れんが　**カ** まだれ
キ しんにょう　**ク** もんがまえ

ア「にくづき」は肉体、イ「りっとう」は切ることに関係がある部首だよ。

2 次の熟語の構成を後から一つずつ選び、記号で答えなさい。

① 消毒〔　　〕 ② 頭痛〔　　〕
③ 応答〔　　〕 ④ 損得〔　　〕
⑤ 初夢〔　　〕 ⑥ 入学〔　　〕
⑦ 思考〔　　〕 ⑧ 無罪〔　　〕
⑨ 雷鳴〔　　〕 ⑩ 非常〔　　〕
⑪ 客席〔　　〕 ⑫ 勝敗〔　　〕

ア 似た意味の字を重ねる。
イ 反対の意味の字を重ねる。
ウ 上の字と下の字が主語・述語の関係。
エ 上の字が下の字を修飾する。
オ 下の字が上の字の目的や対象を示す。
カ 上の字が下の字を打ち消す。

漢字を訓読みして、「毒を消す」などの形にしてみよう！

---

3 次の――線に合う漢字を、後から選んで書きなさい。

① この薬はよくきく。
［ 聞　効 ］〔　　〕

② 朝六時に目がさめる。
［ 覚　冷 ］〔　　〕

③ よく晴れてあたたかい日。
［ 温　暖 ］〔　　〕

④ 国会の議長をつとめる。
［ 努　務　勤 ］〔　　〕

④「努」は「努力」、「務」は「任務」、「勤」は「勤労」という熟語で使われるね。「議長をつとめる」という文脈に合う熟語はどれかな。

4 次の――線に合う熟語を、後から選んで書きなさい。

① 持ち寄った案をケントウする。
［ 見当　検討 ］〔　　〕

② 父は与党をシジしている。
［ 指示　支持 ］〔　　〕

③ ホケン室で体を休める。
［ 保健　保険 ］〔　　〕

④ 通路のショウガイ物を取り除く。
［ 障害　傷害 ］〔　　〕

⑤ 完成までのカテイを説明する。
［ 仮定　過程　課程 ］〔　　〕

ここで学んだ内容を次で確かめよう！

問題を解こう

／100点

1 例にならって、次の漢字の部首を書きなさい。また、その部首名を下から一つずつ選び、記号で答えなさい。　2点×12（24点）

		部首・部首名
例	結	（糸・**カ**）
①	額	（　・　）
②	疲	（　・　）
③	怒	（　・　）
④	机	（　・　）
⑤	露	（　・　）
⑥	団	（　・　）

ア くにがまえ　**イ** きへん　**ウ** やまいだれ　**エ** おおがい　**オ** えんにょう　**カ** いとへん　**キ** あめかんむり　**ク** こころ　**ケ** うかんむり

2 次の熟語と構成が同じものを後から一つずつ選び、記号で答えなさい。　3点×6（18点）

① 終始（　）
ア 停止　**イ** 造船　**ウ** 貧富　**エ** 味覚

② 新築（　）
ア 保温　**イ** 国宝　**ウ** 燃焼　**エ** 善悪

訓読みにしたり、熟語を思い浮かべたり、部首に注目したりして、漢字の意味をとらえよう。

③ 腹痛（　）
ア 骨折　**イ** 花束　**ウ** 投票　**エ** 昼夜

④ 非常（　）
ア 曲線　**イ** 送迎　**ウ** 測量　**エ** 無罪

⑤ 救助（　）
ア 未来　**イ** 温暖　**ウ** 花粉　**エ** 植樹

⑥ 預金（　）
ア 樹木　**イ** 幼児　**ウ** 防災　**エ** 船出

3 次の（　）に当てはまる漢字を書きなさい。　2点×12（24点）

①
A 手順を（あやま）り、実験は失敗してしまった。
B 迷惑（めいわく）をかけたことを、心から（あやま）る。

②
A 姉に（すす）められた小説を読む。
B 皆で協力して準備を（すす）める。
C 新入生に入部を（すす）める。

③
A 事故に（あ）ってけがをした。
B 久しぶりに祖母に（あ）えた。
C 彼とは昔から気が（あ）う。

④
A 敵の陣地に（せ）め込む。
B ミスを（せ）められて落ち込む。

⑤
A（やぶ）れたズボンを繕う。
B ライバルに僅差で（やぶ）れる。

4 次の――線の片仮名を漢字で書きなさい。 2点×10（20点）

① 市民にグラウンドをカイホウする。（　）
② 奴隷（どれい）のカイホウに尽力する。（　）
③ この図形は左右タイショウだ。（　）
④ 中学生をタイショウとするイベント。（　）
⑤ 妹は僕とはタイショウ的な性格だ。（　）
⑥ 憲法でホショウされた権利。（　）
⑦ 彼女の才能は私がホショウする。（　）
⑧ 地震による損害をホショウする。（　）
⑨ 『源氏物語（げんじものがたり）』はフキュウの名作だ。（　）
⑩ 携帯電話がフキュウする。（　）

5 次の――線の漢字の読みを平仮名で書きなさい。 1点×7（7点）

① 事情はだいたい把握できた。（　）
② お気に入りの店を頻繁に訪れる。（　）
③ 投稿した俳句が新聞に掲載される。（　）
④ 若者に国の将来を委ねる。（　ねる）
⑤ 希望していた研究職に就く。（　く）
⑥ これまでの人生を顧みる。（　みる）
⑦ 後輩の指導に時間を割く。（　く）

6 次の――線の片仮名を漢字で書きなさい。 1点×7（7点）

① 内容をカンケツにまとめる。（　）
② センモン家に相談する。（　）
③ フクザツな事情がある。（　）
④ 学校までオウフク三十分かかる。（　）
⑤ アヤツり人形を使って劇をする。（　り）
⑥ 群れをヒキいるリーダー。（　いる）
⑦ 商店をイトナむ。（　む）

1日目はここまで。

2日目 語句

要点を確認しよう

まずは攻略のカギで大事なことを確認！

類義語・対義語

❶類義語…互いに**意味の似た**言葉。

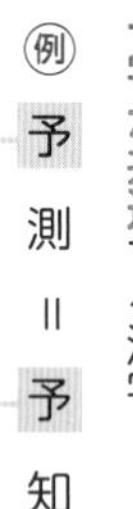

・一字が共通する漢字

例 予測＝予知　信用＝信頼

・熟語全体で似た意味を表す

例 突然＝不意　我慢＝辛抱

❷対義語…**意味が反対**の言葉。

・一字が反対の意味の漢字

例 正常⇔異常

・一字ずつがそれぞれ反対の意味の漢字

例 前進⇔後退

・熟語全体で反対の意味を表す

例 許可⇔禁止

・上に打ち消しの漢字が付く

例 有利⇔不利

四字熟語

例 一朝一夕（いっちょういっせき）

意味 ほんの少しの間。

異口同音（いくどうおん）

意味 たくさんの人が同じことを言うこと。

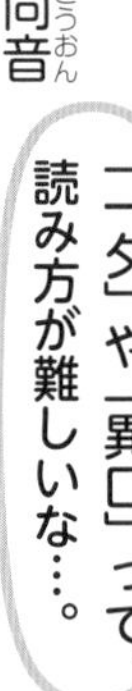

「一夕」や「異口」って、読み方が難しいな…。

単刀直入（たんとうちょくにゅう）

意味 いきなり本題に入ること。

「短刀」と書かない！

慣用句・ことわざ・故事成語

❶慣用句…二つ以上の言葉が結び付いて、特別な意味を表すようになった言葉。

例 歯が立たない

意味 かなわない。とてもできない。

肩をもつ

意味 味方する。

猫の手も借りたい

意味 忙しくて人手が足りない。

もともとの「固くてかめない」という意味から、慣用句の意味を予想できるよ。

❷ことわざ…昔から言いならわされてきた、教訓や生活の知恵を含む言葉。

例 急がば回れ

意味 手間がかかっても安全で確実な方法を取るほうが早い。

棚からぼた餅

意味 思いがけない幸運にあうこと。

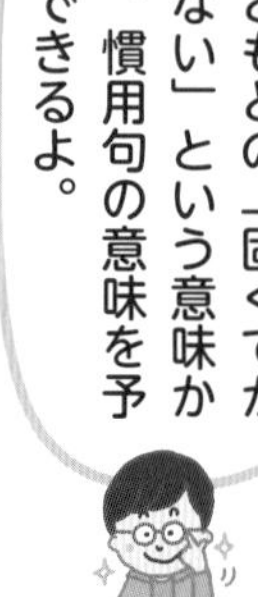

❸故事成語…中国の古い話（故事）から生まれた言葉。ことわざと同じく、教訓や生活の知恵を含む。

例 完璧

意味 少しも欠点がなく完全なこと。

慣用句には、体に関係のあるものがたくさんあるよ。

解答 ＞ p.4

1 次の言葉の類義語になるように、□に当てはまる漢字を後から選んで書きなさい。

① 倹約（けんやく）＝□約 （　　）
② 短所＝□点 （　　）
③ 願望＝□望 （　　）
④ 無事＝□全 （　　）
⑤ 価格＝□段 （　　）

希　安　欠　節　値

①・③は一字が共通する漢字をもつ類義語だから、異なる字どうしも似た意味をもっているよ。

2 次の言葉の対義語を後から一つずつ選び、記号で答えなさい。

① 複雑 （　　）　**ア** 雑然　**イ** 単純　**ウ** 調整
② 感情 （　　）　**ア** 理性　**イ** 冷静　**ウ** 事実
③ 集合 （　　）　**ア** 総合　**イ** 解散　**ウ** 帰宅
④ 過去 （　　）　**ア** 近代　**イ** 往時　**ウ** 未来
⑤ 積極的 （　　）　**ア** 消極的　**イ** 意識的　**ウ** 計画的

3 次の（　）に当てはまる漢字を後から選んで書き、四字熟語を完成させなさい。

① 右往（　　）往
② 大器（　　）成
③ （　　）進月歩
④ 自業自（じごう）（　　）

左　日　得　晩

①は「右往」と「（　）往」が対になっているよ。

4 次の慣用句の意味を後から一つずつ選び、記号で答えなさい。

① 鼻が高い （　　）
② 目を盗む （　　）
③ 猫をかぶる （　　）
④ 途方に暮れる （　　）

ア どうすればよいかわからなくなる。
イ 本性を隠して、おとなしそうに振る舞う。
ウ 自慢げな様子。誇（ほこ）らしげなさま。
エ 見られないようにこっそり行動する。

5 次の言葉の意味を後から一つずつ選び、記号で答えなさい。

① 泣き面（つら）に蜂 （　　）
② 河童（かっぱ）の川流れ （　　）
③ 蛇足 （　　）
④ 漁夫の利 （　　）

ア 名人でもときには失敗すること。
イ 両者が争っているすきに第三者が利益を横取りすること。
ウ 悪いことに悪いことが重なること。
エ 余計な付け足し。

ここで学んだ内容を次で確かめよう！

問題を解こう

30分

/100点

1 次の言葉の類義語を後から一つずつ選び、漢字に直して書きなさい。 2点×4（8点）

① 同意（　　）
② 互角（　　）
③ 方法（　　）
④ 落胆（　　）

サンセイ　シュダン　シツボウ　タイトウ

2 次の言葉の類義語になるように、□に当てはまる漢字を書きなさい。 2点×3（6点）

① 原料 ＝ □料（　　）
② 天気 ＝ 天□（　　）
③ 永遠 ＝ 永□（　　）

3 次の言葉の対義語になるように、□に当てはまる漢字を後から選んで書きなさい。 2点×4（8点）

① 軽率 ↕ 慎□（　　）
② 需要 ↕ □給（　　）
③ 攻撃 ↕ □備（　　）
④ 原因 ↕ 結□（　　）

長　果　供　重　守

4 次の言葉の対義語を、例にならって打ち消しの漢字を一字使って書きなさい。 2点×4（8点）

例 決定 ↕（未定）
① 便利 ↕（　　）
② 熟練 ↕（　　）
③ 有名 ↕（　　）
④ 平凡 ↕（　　）

慣用句では、「目」は「見ること」、「腕」は「技能」の意味で用いられることが多いよ。

5 次の（　）に当てはまる漢数字を書き、四字熟語を完成させなさい。 完答4点×6（24点）

①（　）日（　）秋
意味 今か今かと待ち遠しく思うこと。

②（　）人（　）色
意味 一人一人、好みや考え方が異なること。

③（　）差（　）別
意味 いろいろなものがそれぞれ違っていること。

④（　）転（　）倒
意味 苦痛などでもがき苦しみ、転げ回ること。

⑤（　）石（　）鳥
意味 一つの行動で二つの目的を達成すること。

⑥ 再（　）再（　）
意味 何度も何度も。

6 次の（　）に当てはまる漢字を後から選んで書き、慣用句を完成させなさい。 2点×6（12点）

① （　）に流す　意味 過去のものごとなどをなかったことにする。

② （　）が高い　意味 価値のあるものを見分ける力がある。

③ （　）を磨く　意味 技術や能力を高めるために訓練する。

④ 揚げ（　）を取る　意味 人のちょっとした言い間違いなどを取り上げて責める。

⑤ （　）に持つ　意味 ずっと恨みに思って忘れない。

⑥ （　）を長くする　意味 今か今かと期待して待ち望む。

頭　目　口　首　胸　腕　手　足　水　竹　根

7 次の□に共通して当てはまる体の一部を表す言葉を、漢字一字で書きなさい。 4点×2（8点）

① （　）
- □であしらう　意味 相手にせず、冷たい態度を取る。
- □を明かす　意味 相手を出し抜いて驚かせる。
- □にかける　意味 自慢する。

② （　）
- □を立てる　意味 体面を保てるようにする。
- □から火が出る　意味 恥ずかしくて真っ赤になる。
- □が広い　意味 知り合いが多い。

8 次のことわざの意味を後から一つずつ選び、記号で答えなさい。 2点×5（10点）

① どんぐりの背比べ（　）

② 石の上にも三年（　）

③ 月とすっぽん（　）

④ ちりも積もれば山となる（　）

⑤ 情けは人のためならず（　）

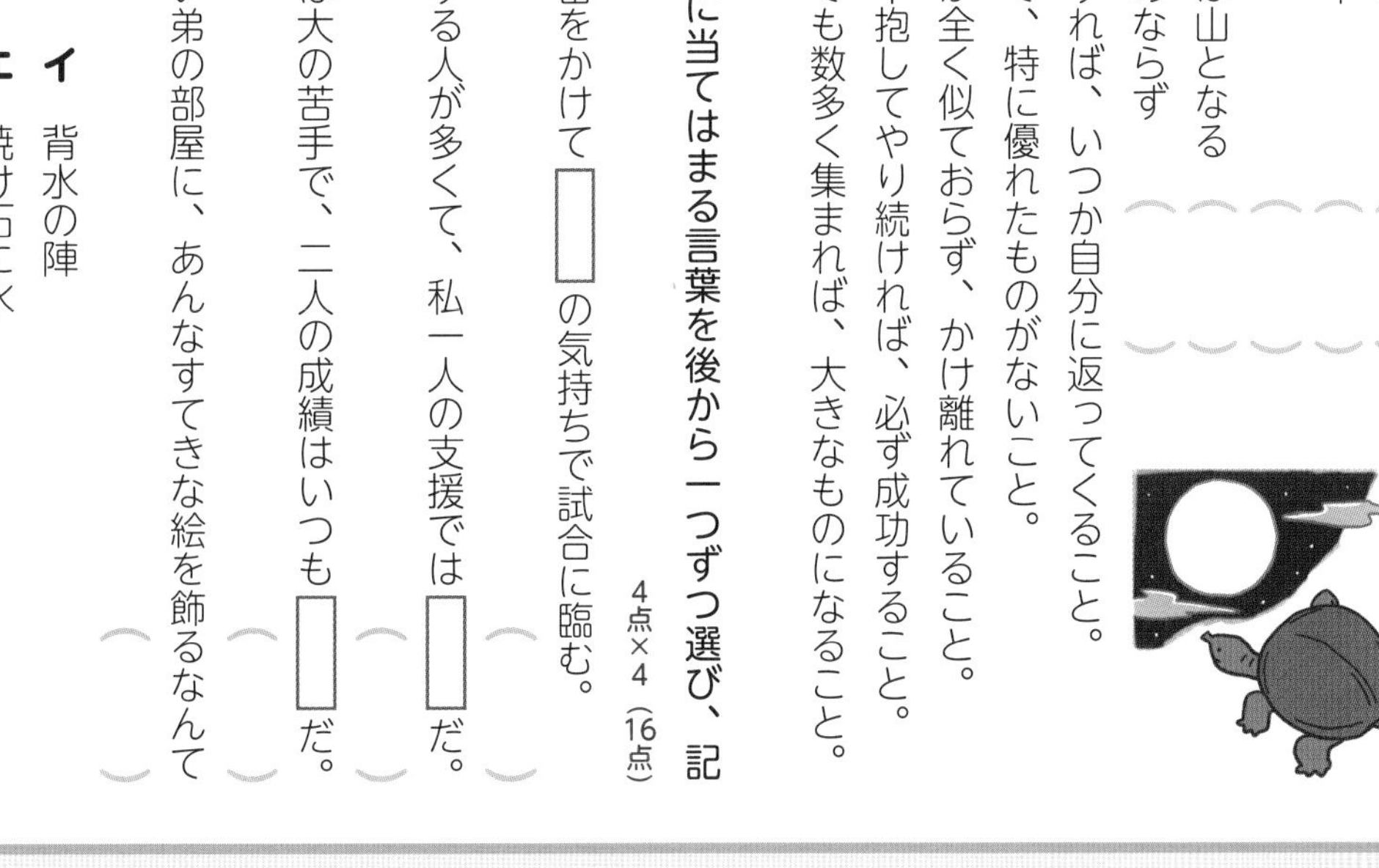

ア 人に親切にすれば、いつか自分に返ってくること。

イ どれも平凡で、特に優れたものがないこと。

ウ 二つのものが全く似ておらず、かけ離れていること。

エ つらくても辛抱してやり続ければ、必ず成功すること。

オ 僅かなものでも数多く集まれば、大きなものになること。

9 次の文の□に当てはまる言葉を後から一つずつ選び、記号で答えなさい。 4点×4（16点）

① 一部リーグ残留をかけて□の気持ちで試合に臨む。（　）

② 助けを必要とする人が多くて、私一人の支援では□だ。（　）

③ 僕も彼も数学は大の苦手で、二人の成績はいつも□だ。（　）

④ 絵に興味のない弟の部屋に、あんなすてきな絵を飾るなんて□だ。（　）

ア 五十歩百歩　**イ** 背水の陣

ウ 猫に小判　**エ** 焼け石に水

2日目はここまで。

3日目 文法①

文を文節や単語に区切り、それぞれが文の中でどんな働きをしているかをとらえよう。

解答 p.6

要点を確認しよう まずは 攻略のカギで大事なことを確認！

文節

発音したり意味をとらえたりするのに不自然にならないように、文をできるだけ短く区切ったまとまりを**文節**といいます。「ね」などを入れて読んでみて、不自然でないところが**文節の切れ目**です。

㊀ きれいな（ね）｜色の（ね）｜布で（ね）｜マスクを（ね）｜作った。
（各まとまりに「文節」）

文節をさらに細かく分けた、意味をもつ言葉としての最小単位は単語というよ。

例文内の「色の」は「色」と「の」の二つの単語に分けられるよ。

文の成分

文節を、文の中での働きによって分類したものを、**文の成分**といいます。文の成分には次の五種類があります。

❶**主語**…「**何が**」「**誰が**」に当たる文節。

❷**述語**…「**どうする**」「**どんなだ**」「**何だ**」「**ある・いる**」などに当たる文節。

※主語と述語の関係→**主・述の関係**

❸**修飾語**…他の文節を**詳しく説明する**（＝修飾する）文節。
→**修飾・被修飾の関係**

❹**接続語**…**文と文、文節と文節をつなぐ**文節。
→**接続の関係**

❺**独立語**…他の文節と**直接関係をもたない**文節。

品詞

単語を、その性質や働きによって分類したものを**品詞**といい、**自立語か付属語か→活用するかしないか→どんな文の成分になるか**などで見分けます。

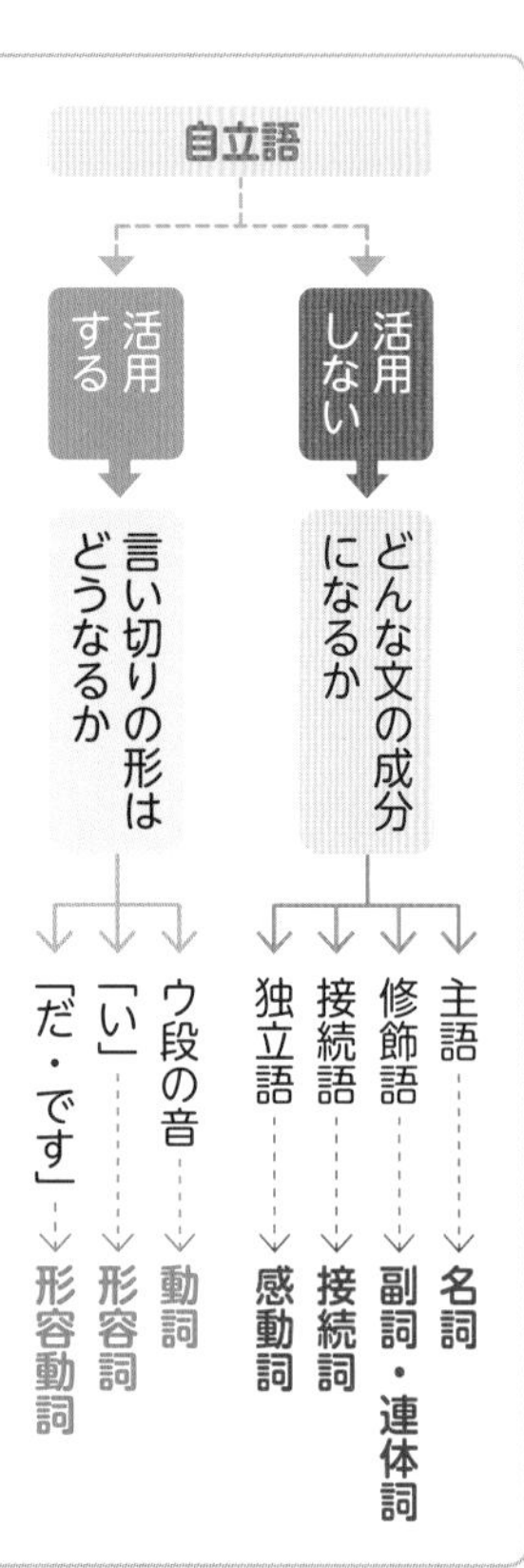

※**自立語**と**付属語**…単独で文節を作れるのが自立語、作れないのが付属語。

※「**活用**」…後に続く単語によって形が変わること。

1 次の文を、例にならって文節に区切りなさい。

例 東の／空に／月が／昇る。

① 駅まで自転車で五分かかる。
② 近くの小川には蛍がいる。
③ 昨日買った本を読もう。
④ あの木まで走ろうよ。
⑤ 明日はピアノ教室に行く。

「ピアノ教室」は「ピアノ」と「教室」に区切るのかな。

「ピアノ教室」は、ピアノを教えてもらう場所という意味を表す一つの単語。このように二つ以上の言葉が結び付いてできた言葉を**複合語**というよ。

2 次の文から、主語と述語を抜き出しなさい。

① 妹が 公園の ブランコで 遊ぶ。 主語〔　　〕 述語〔　　〕
② 母は 小児科の 医者です。 主語〔　　〕 述語〔　　〕
③ 客間は 私の 部屋より 広い。 主語〔　　〕 述語〔　　〕

3 次の――線の修飾語が修飾している文節を抜き出しなさい。

① 赤いチューリップが咲いている。〔　　〕
② 父は毎日自転車で会社へ行く。〔　　〕
③ もっと速く走れるようになりたい。〔　　〕
④ 日曜日に友達と映画を見た。〔　　〕

4 次の――線の文節は、文の成分としては何に当たりますか。後から一つずつ選び、記号で答えなさい。

① 昨日、私は夜九時に寝ました。〔　　〕
② 風が強い。だから、家にいよう。〔　　〕
③ 単語の意味を辞書で調べる。〔　　〕
④ カレンダーに予定を書き込んだ。〔　　〕
⑤ ねえ、いっしょに帰ろうよ。〔　　〕

ア 主語　**イ** 述語　**ウ** 修飾語
エ 接続語　**オ** 独立語

5 次の――線の単語の品詞名を後から一つずつ選び、記号で答えなさい。

① 荷物がまだ届かない。〔　　〕
② 今日は夕日がとてもきれいだ。〔　　〕
③ 夢がかなってとてもうれしい。〔　　〕
④ 明日から部活の合宿が始まる。〔　　〕
⑤ その赤い屋根の建物が児童館だ。〔　　〕
⑥ おかしなことが起こる。〔　　〕
⑦ 熱はない。だけど体がだるい。〔　　〕
⑧ おやつにクッキーを食べる。〔　　〕

ア 名詞　**イ** 動詞
ウ 接続詞　**エ** 形容詞
オ 助詞　**カ** 副詞
キ 連体詞　**ク** 形容動詞

活用するか、言い切りの形はどうか、文の中でどんな働きをするかを確かめよう！

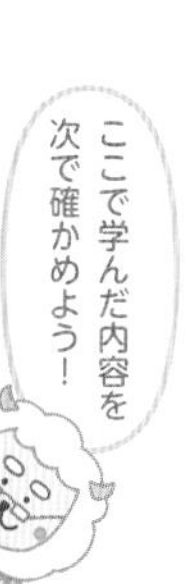

ここで学んだ内容を次で確かめよう！

問題を解こう

／100点

1 次の文は、いくつの文節からできていますか。算用数字で答えなさい。 2点×5（10点）

① 散歩の途中で公園のベンチに座る。（　）
② 私は毎晩三十分ジョギングする。（　）
③ 明日晴れたら川で釣りをしようね。（　）
④ 母がベランダで育てたプチトマトを食べる。（　）
⑤ 雲の隙間から日が差してとてもきれいだ。（　）

2 正しく文節に区切っているものを一つずつ選び、記号で答えなさい。 2点×3（6点）

① **ア** 弟が／日記を／書いて／いる。
　 イ 弟が／日記を／書いている。（　）
② **ア** テレビを／見て／笑い／続ける。
　 イ テレビを／見て／笑い続ける。（　）
③ **ア** 新しい／靴を／買って／ほしい。
　 イ 新しい／靴を／買ってほしい。（　）

「て」の後で文節が区切れるよ。

3 次の文を、㊟例 にならって単語に区切りなさい。 2点×3（6点）

例 東|の|空|に|月|が|昇る。
① 入り口で手に消毒液を塗る。
② メダカの赤ちゃんが生まれる。
③ 今日は二時間勉強するぞ。

複合語に注意しよう。「勉強する」は一文節、「勉強を／する」は二文節だよ。

4 正しく単語に区切っているものを一つずつ選び、記号で答えなさい。 2点×3（6点）

① **ア** 部屋|に|バラ|の|花|を|飾っ|た。
　 イ 部屋|に|バラ|の|花|を|飾った。（　）
② **ア** 友達|に|手紙|を|書こ|う|と|思う。
　 イ 友達|に|手紙|を|書こう|と|思う。（　）
③ **ア** 大切|な|ところ|を|書き|抜く。
　 イ 大切な|ところ|を|書き抜く。（　）

5 次の——線の文節は、文の成分としては何に当たりますか。後から一つずつ選び、記号で答えなさい。 2点×12（24点）

① [a]僕は バスを乗り継いで、[b]祖母の家に [c]行った。　a（　）b（　）c（　）
② [a]雨ならば、明日の[b]遠足は [c]中止だ。　a（　）b（　）c（　）
③ [a]さあ、[b]そろそろ [c]練習を始めるよ。　a（　）b（　）c（　）
④ [a]妹が、公園で[b]友達と [c]ブランコに乗る。　a（　）b（　）c（　）

ア 主語　**イ** 述語　**ウ** 修飾語
エ 接続語　**オ** 独立語

6 次の――線の文節どうしの関係を後から一つずつ選び、記号で答えなさい。 2点×5（10点）

① テーブルの上にコップがある。（　）
② テーブルの上にコップがある。（　）
③ 駅まで走った。だけど乗り遅れた。（　）
④ とても暑いので、クーラーをつけた。（　）
⑤ とても暑いので、クーラーをつけた。（　）

ア 主・述の関係（主語と述語の関係）
イ 修飾・被修飾の関係（修飾する語と修飾される語との関係）
ウ 接続の関係（接続語とその後の語との関係）

7 次の①・②の――線の文節どうしの関係と異なる関係のものを一つずつ選び、記号で答えなさい。 3点×2（6点）

① 猫が日なたで眠っている。（　）
ア 窓の外に鳥がいる。
イ 玄関に荷物が置いてある。
ウ 兄が勉強を教えてくれた。

② おはしとお皿を並べる。（　）
ア 公園に花や木が植えられる。
イ 電話で店の人と話す。
ウ このかばんは大きくて丈夫だ。

①のように、後の文節が意味を補っている関係を「補助の関係」というよ。

「おはし」と「お皿」が対等に並んでいる②のような関係を、「並立の関係」というよ。

8 次の――線の単語から活用する自立語を三つ選び、記号で答えなさい。また、それぞれの品詞名を書きなさい。 完答4点×3（12点）

・私は、ア楽しいことがあったイ日には日記をウつける。今日も、エ親戚が集まってオにぎやかに食事カをしたことを、書こキうと思う。

記号（　）品詞名（　）
記号（　）品詞名（　）
記号（　）品詞名（　）

9 次の文から、付属語を全て抜き出しなさい。（完答4点）

・姉は、いろんな色のペンを持っています。

（　）

10 次の――線の単語の品詞名を後から一つずつ選び、記号で答えなさい。 2点×8（16点）

・僕は、将来小学校の①先生に②なりたい。③しかし、小学校の先生は④あらゆる教科を教えなければならない。理科の⑤苦手な僕にできるだろうか。⑥いや、何もせずに悩む⑦より、⑧とにかく頑張ってみよう。

①（　）②（　）③（　）④（　）
⑤（　）⑥（　）⑦（　）⑧（　）

ア 名詞　**イ** 副詞　**ウ** 連体詞　**エ** 接続詞
オ 感動詞　**カ** 動詞　**キ** 形容詞　**ク** 形容動詞
ケ 助詞　**コ** 助動詞

3日目はここまで。

文法②

「僕は行くよ。君は行かないの？ 行こうよ。」ここでは「行く」という言葉の形が変わっているね。これを活用というよ。

解答 p.8

要点を確認しよう

まずは攻略のカギで大事なことを確認！

活用する自立語

❶**動詞**…「**どうする・どうなる・ある**」を表す。

活用のしかたは、次の五種類があります。活用の種類と、活用形を覚えましょう。

続く言葉によって、語の形が変わるんだね。

活用しても、形が変わらない部分（語幹）

活用の種類	基本形	語幹	未然形	連用形	終止形	連体形	仮定形	命令形
続き方			—ない —う —よう	—ます —た・て —用言	—。	—とき —こと —体言	—ば	—。
五段活用	走る	はし	—ら（ア段） —ろ	—り —っ	—る	—る	—れ	—れ
上一段活用	降りる	お	—り（イ段）	—り	—りる	—りる	—りれ	—りろ —りよ
下一段活用	食べる	た	—べ（エ段）	—べ	—べる	—べる	—べれ	—べろ —べよ
カ行変格活用	来る（一語のみ）	○	こ	き	くる	くる	くれ	こい
サ行変格活用	する（「する」と「〜する」のみ）	○	し（ない） せ（ぬ） さ（れぬ）	し	する	する	すれ	しろ せよ

✓ここをチェック！

活用の種類は、未然形（「ない」を付けたときの形）の音で見分けられるよ。

❷**形容詞**
❸**形容動詞**
…「**どんなだ**」を表す。活用は、連用形に注意して覚えましょう。

	基本形	語幹	未然形	連用形	終止形	連体形	仮定形	命令形
形容詞	広い	ひろ	—かろ	—かっ（た） —く（ない） —う（ございます）	—い	—い	—けれ	○
形容動詞	正直だ	しょうじき	—だろ	—だっ（た） —で（ない） —に（なる）	—だ	—な	—なら	○

活用しない自立語

❶名詞の種類…名詞には、次の五種類があります。

普通名詞…例本・窓・電車　**代名詞**…例私・そこ・これ
固有名詞…例日本（にほん）・徳川家康（とくがわいえやす）　**数詞**…例一本・二分・三年
形式名詞…例（寒い）とき・（君の）こと

❷副詞の呼応…副詞には、下に決まった言い方がくるものがあります。

・きっと来るだろう。（**推量**）・まるで花のようだ。（**たとえ**）

付属語

❶**助動詞**…意味を付け加えるなどする。
❷**助詞**…意味を付け加えたり、語句と語句の関係を表したりする。

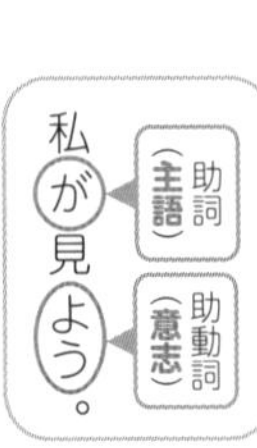

1 次の単語を動詞・形容詞・形容動詞に分けて、記号で答えなさい。

ア 感動する　**イ** 確実だ　**ウ** 泣く　**エ** 変える
オ にぎやかだ　**カ** 明るい　**キ** 高い　**ク** おもしろい

動詞（　　）
形容詞（　　）
形容動詞（　　）

2 次の――線の動詞の活用形を後から一つずつ選び、記号で答えなさい。

① カレンダーをめくる。（　　）
② 駅に行けば切符が買えるよ。（　　）
③ 制服を着て写真を撮る。（　　）
④ 渋滞でバスがまだ来ない。（　　）
⑤ 急げ。遅刻するぞ。（　　）
⑥ 次に会うときまでお元気で。（　　）
⑦ もう十時だ。早く寝ろ。（　　）
⑧ スーパーで肉と野菜を買った。（　　）
⑨ 料理をする前に手を洗う。（　　）
⑩ 文章を段落ごとに区切る。（　　）
⑪ 誰かに手伝いを頼もう。（　　）
⑫ 練習すればできるようになるよ。（　　）

ア 未然形　**イ** 連用形　**ウ** 終止形
エ 連体形　**オ** 仮定形　**カ** 命令形

3 次の動詞の活用の種類を後から一つずつ選び、記号で答えなさい。

① 遊ぶ（　　）　② 生きる（　　）
③ 来る（　　）　④ 負ける（　　）
⑤ 愛する（　　）　⑥ 落ちる（　　）
⑦ 出る（　　）　⑧ 話す（　　）

ア 五段活用　**イ** 上一段活用
ウ 下一段活用　**エ** カ行変格活用
オ サ行変格活用

「話す」に「ない」を付けたら「話せない」？

「話せない」となるのは、「話せる」という別の動詞で、「話す」は「話さない」と活用します。

4 次の――線の語の活用形を答えなさい。また、――の語が形容詞なら**ア**、形容動詞なら**イ**と答えなさい。

① 今日は夕日がきれいだろう。（　　形）（　　）
② 風が強ければ試合は中止だ。（　　形）（　　）
③ 下級生に優しく話しかける。（　　形）（　　）
④ 不思議な話を耳にした。（　　形）（　　）

5 次の――線の語を助詞と助動詞に分けて、記号で答えなさい。

・明日の(ア)夜は(イ)、流れ星が(ウ)たくさん見えるらしい(エ)。ぜひ見たい(オ)から(カ)遅くまで(キ)起きて(ク)いよう(ケ)。

助詞（　　）
助動詞（　　）

ここで学んだ内容を次で確かめよう！

問題を解こう

30分

／100点

1 次の――線の動詞の活用の種類と活用形を答えなさい。 2点×10（20点）

① 危ないから、ゆっくり降りろ。（　　　活用）（　　　形）

② この学校に合格することが私の目標だ。（　　　活用）（　　　形）

③ 午後四時に部室に集まろう。（　　　活用）（　　　形）

④ ここまで来れば、海が見える。（　　　活用）（　　　形）

⑤ 僕の学校ではベルマークを集めている。（　　　活用）（　　　形）

2 次の文から、［　］で示した品詞を一つずつ抜き出し、終止形に直して書きなさい。 3点×4（12点）

① ぶつけた小指がとても痛かった。［形容詞］（　　　）

② 街灯が設置されて、夜も明るくなった。［形容詞］（　　　）

③ スマートフォンは便利な道具だ。［形容動詞］（　　　）

④ 心配なら電話をして確かめなさい。［形容動詞］（　　　）

用言を活用させるときは、続く言葉に注意して活用させよう。

ガンバレ

3 次の（　）に当てはまるように、［　］内の用言を正しく活用させて書きなさい。（⑤は平仮名で書くこと。） 2点×10（20点）

① 暖房をつけたので、もう（　　　）ない。［寒い］

② 暑いので、窓を（　　　）てください。［開ける］

③ 自然が（　　　）北海道に行ってみたい。［豊かだ］

④ （　　　）ば、自転車のライトをつけなさい。［暗い］

⑤ 朝八時までに会場に（　　　）てください。［来る］

⑥ 授業で（　　　）た作文を、皆の前で読む。［書く］

⑦ 風がやみ、波も（　　　）なってきた。［おだやかだ］

⑧ 新種の昆虫（こんちゅう）が愛好家によって（　　　）れた。［発見する］

⑨ 「しっかり前を（　　　）。」と注意される。［見る］

⑩ もう遅いから、そろそろ（　　　）う。［帰る］

4 次の名詞の種類を後から一つずつ選び、記号で答えなさい。 2点×5（10点）

① アメリカ（　　）
② あちら（　　）
③ かばん（　　）
④ 八時（　　）
⑤ (歩く) とき（　　）

ア 普通名詞　**イ** 代名詞
ウ 固有名詞　**エ** 数詞
オ 形式名詞

普通名詞…一般的な物事の名前。
代名詞……人や場所などを指し示す。
固有名詞…人名・地名など、特定の物事の名前。
数詞………物の数や順序を表す。
形式名詞…本来の意味が薄れ、前に連体修飾語が付く。

それぞれの名詞の性質を覚えよう。

5 次の――線の名詞のうち、形式名詞はどちらですか。記号で答えなさい。 （3点）

ア 話し合いは今始まったところだ。
イ ここは雪がたくさん降るところだ。
（　　）

6 次の（　）に当てはまる副詞を、後から一つずつ選んで書きなさい。 2点×4（8点）

①（　　）失敗したらどうしよう。
②（　　）誰にも言わないでください。
③ 妹の真っ赤な頬は（　　）りんごのようだ。
④（　　）反対する人は少ないだろう。

まるで　決して　もし　たぶん

7 次の――線の助動詞が表している意味を後から一つずつ選び、記号で答えなさい。 3点×7（21点）

① 今年はまだつばめを見ていない。（　　）
② 留学して英語の勉強をしたい。（　　）
③ 明日から夏休みが始まります。（　　）
④ 弟に漢字を練習させる。（　　）
⑤ これは私のお気に入りの靴だ。（　　）
⑥ 帰ったら小説の続きを読もう。（　　）
⑦ 相手チームにボールを奪われる。（　　）

ア 受け身　**イ** 使役　**ウ** 否定（打ち消し）
エ 希望　**オ** 断定　**カ** 意志
キ 丁寧

受け身は「(○○に) ～される」、**使役**は「(○○に) ～させる」という意味です。

8 次の――線の助詞と同じ意味・用法のものを後から一つずつ選び、記号で答えなさい。 3点×2（6点）

① 食事を終えると、僕はテレビをつけた。（　　）
ア ピザとジュースを注文した。
イ 友達と映画を見に行く。
ウ 外へ出ると、突然雨が降ってきた。

② 君が呼んだから来たんだよ。（　　）
ア この辺りは、昔から陶芸が盛んだ。
イ この魚は新鮮だからおいしい。
ウ 豆腐は大豆から作られる。

5日目

説明的文章①

指示する語句…「これ」など物や場所を指し示す言葉。
接続する語句…文と文、段落と段落などをつなぎ、前後の関係を示す言葉。

解答 p.10

要点を確認しよう　まずは 攻略のカギ で大事なことを確認！

指示する語句のとらえ方 ➡ 例題(2)

指示語の指す内容は**前から探そう**。

三丁目の東図書館の隣には広場がある。［そこ］がマラソンのゴール地点だ。
（指示語より前）

見つけた言葉を指示する語句の部分に当てはめて確かめよう！

接続する語句のとらえ方 ➡ 例題(1)

前後の内容から、**当てはまる接続する語句の種類を考えよう。**

順接	前が後の原因・理由	例 だから・それで・したがって
逆接	前と後が逆の内容	例 しかし・けれども・ところが
並列・累加	並べる・付け加える	例 そして・また・それから
対比・選択	比べる・選ぶ	例 または・あるいは・それとも
説明・補足	まとめる・補う	例 つまり・なぜなら・例えば
転換	話題を変える	例 さて・ところで・では

信号が青に変わった。□、バスは発車しなかった。
前と後が逆の内容 ➡ **逆接の接続する語句**が入る

例題 次の文章を読んで、問題に答えなさい。

濃い色をした見事なテーブル状サンゴも、白化すると無残な白い姿になる。健康なサンゴには、茶色や緑色などさまざまな色のバリエーションがある。□、＊褐虫藻（かっちゅうそう）がなくなると褐色が失われ、たとえサンゴの体組織自体の色が残っていても、やがてそれらも消えて完全な白色になる。

〈『温暖化で日本の海に何が起こるのか』（山本智之（やまもとともゆき）著、講談社ブルーバックス）による〉

＊褐虫藻…サンゴの体内で共生する微生物。

(1) □に当てはまる接続する語句を次から一つ選び、記号で答えなさい。

ア つまり　**イ** また
ウ しかし　**エ** さて

〔　　〕

(2) それら とは、何を指していますか。文章中から十一字で抜き出しなさい。

次の文章を読んで、問題に答えなさい。

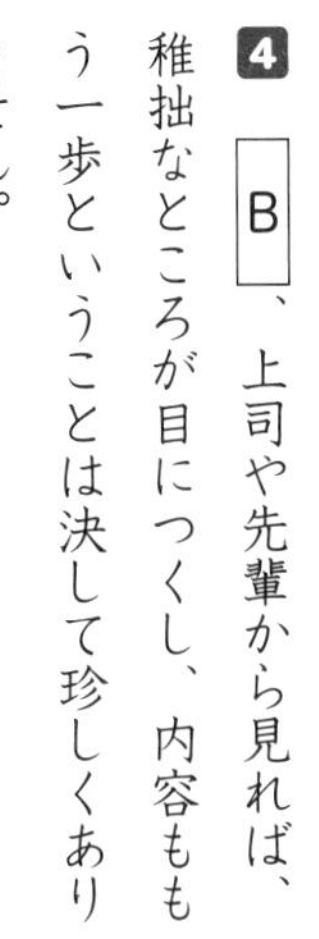

1 知ったつもりになっても、実は知らないことは、誰しも山ほどあります。謙虚になれば、①それが見えてきます。逆にいうと、謙虚にならないと何も見えてこないし、成長も上達もしません。

2 [A]、二十代のビジネスマンが何か報告書をまとめたとしましょう。

3 よくまとまっていて、自分では会心の出来だと思っています。

4 [B]、上司や先輩から見れば、稚拙なところが目につくし、内容ももう一歩ということは決して珍しくありません。

5 それを「自分の報告書は完璧だ」「非の打ち所がない」などと思っていると、成長は間違いなくそこで止まってしまいます。

6 NHKの駆け出し記者だったころ、取材して書いた原稿をデスクに渡すと、「このあたりの事実関係をもっと詳しく調べろ」とか「何が言いたいのかさっぱりわからない」とか言われて、デスクに原稿を突き返されることが日常茶飯事でした。

7 ②そのときはカチンときても、言われてみればその通り、ということばかりでした。

8 少なくとも文章で物事を伝える場合、人の意見を聞くことなく上達することは、まずありません。特に文章力に根拠のない自信を持っている人は、独りよがりの文章を書きがちで、読む人の立場を考えていないことが多いものです。

9 まずは謙虚に、人の意見に耳を傾けることから始めましょう。

〈池上彰（いけがみあきら）「伝える力」による〉

---

(1) ①それ とは、何を指していますか。文章中から抜き出しなさい。

〔　　〕

(2) [　]A・Bに当てはまる接続する語句の組み合わせとして適切なものを次から一つ選び、記号で答えなさい。

ア A また　B ところで
イ A たとえば　B しかし
ウ A さて　B なぜなら
エ A そして　B ところが

〔　　〕

ヒント

[　]の前と後の内容に注目。

A　前…謙虚にならないと成長も上達もない。【筆者の意見】
　　後…二十代のビジネスマンが何か報告書をまとめたとしましょう。【具体例】

筆者の意見について、具体例を挙げて説明を補足しているよ。

B　前…自分では会心の出来だと思っています。
　　後…上司や先輩から見れば、稚拙で内容ももう一歩。

前と後が逆の内容になっているから、逆接の接続する語句が当てはまるよ。

(3) ②そのとき が指す内容が書かれている段落を探し、段落番号を答えなさい。

〔　　〕段落

ここで学んだ内容を次で確かめよう！

問題を解こう

30分

/100点

● 次の文章を読んで、問題に答えなさい。

ど根性ダイコン＊が、家の花壇にたくさん生えてきたと考えてみよう。

「せっかく手入れをしていた草花が、勝手に生えてきたダイコンのせいで生育が悪くなってしまう。ダイコンが大きくなる前に抜いてしまおう」

草花を大切にしていた人にとって、勝手に生えてきたダイコンは、やっかいな雑草である。

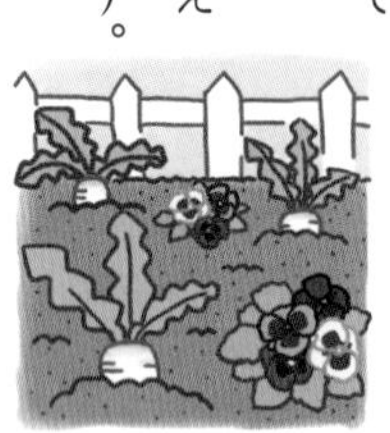

ところが、こんな考え方をする人もいる。「これは儲(もう)けた。ダイコンが大きくなったらおいしく食べよう」そう考えた人にとっては、ダイコンは雑草とはいえない。①その人はダイコンを野菜だと見ているのである。

もう、おわかりだろう。

じつは、②「雑草」というのは植物学的な分類ではない。見る人によって、雑草だったり、雑草ではなかったりするのである。

雑草とは、何か？

雑草は、「望まれないところに生える植物である」と定義されている。つまりは邪魔者である。人間に邪魔者扱いされたときに、その「植物」は「雑草」となるのである。

同じように「作物」や「野菜」という言葉も、あくまでも人間から見たときの分類である。食用などで役に立って初めて「作物」や「野菜」と呼ばれるのである。

指示する語句が指し示す言葉を見つけたら、その言葉を当てはめて確かめよう！

＊ど根性ダイコン…アスファルトなどを破って道ばたで勝手に育った大根が、ニュースなどで話題になったときの呼び名。

(1) ①その人 とは、どのような人を指していますか。「ダイコンが花壇に生えてきたときに、……」に続くように、（　）に当てはまる言葉を書きなさい。（15点）

ダイコンが花壇に生えてきたときに、（　　　　）

(2) ②「雑草」というのは植物学的な分類ではない とありますが、「雑草」はどのような植物として定義されていますか。文章中から十五字以内で抜き出しなさい。（10点）

(3) □A〜Cに当てはまる接続する語句を次から一つずつ選び、記号で答えなさい。10点×3（30点）

ア しかし　**イ** また　**ウ** すると

エ なぜなら　**オ** つまり　**カ** たとえば

A 、ヨモギは畑のやっかいな雑草である。 B 、ヨモギは草餅の原料として欠かせない。 C 、お灸の原料ともなる。草餅やお灸にするとき、ヨモギはけっして雑草ではない。役に立つ有用な植物である。

あるいは、セリという植物は、米を作っている農家にとっては、イネの生育を邪魔する田んぼの雑草である。ところが、セリは野菜としても食べられるので、セリを栽培している田んぼもある。セリを栽培している田んぼで、勝手にイネが生えてきてしまったとしたら、抜かれるのは、セリではなく、イネの方だろう。

③同じ植物でも、見る人によって雑草だったり、雑草ではなかったりする。

しかし、それでは私が「雑草のことを勉強している」と言っているその内容は何だったのか、ということになるし、そもそもこの本のタイトルである「都会の雑草」というテーマそのものが成り立たなくなってしまいそうだ。

ふつうに考えれば、ダイコンが花壇で増えて困ってしまうということは、あまり起こらない。ど根性ダイコンのような特殊な例はあるものの、ダイコンは野菜として振る舞っていることが圧倒的に多い。だから、④ダイコンは学問的には野菜として扱われているのである。

同じように、道ばたや畑に勝手に生える植物の種類も決まっている。こういうふうに雑草扱いされることの多い植物が、植物学では一般的には「雑草」として扱われているのである。

〈稲垣栄洋(いながきひでひろ)「都会の雑草、発見と楽しみ方」による〉

(4) ③同じ植物でも、見る人によって雑草だったり、雑草ではなかったりする。とありますが、筆者はこのような植物の例をいくつ挙げていますか。漢数字で答えなさい。(10点)

(　　)つ

(5) ④ダイコンは学問的には野菜として扱われている とありますが、それはなぜですか。文章中の言葉を使って書きなさい。(15点)

(　　　　)

(6) 文章の内容と合っているものを次から一つ選び、記号で答えなさい。(20点)

ア 「雑草」は植物学的な分類ではないが、「野菜」は植物学的な分類である。

イ 人間の役に立たない「野菜」があるように、人間に役立つ「雑草」もある。

ウ 「雑草」は見る人によって違っているので、研究の対象にはならない。

エ 植物学では、雑草扱いされることの多い植物を「雑草」と呼んでいる。

(　　)

A(　　) B(　　) C(　　)

5日目はここまで。

6日目 説明的文章②

要点…形式段落の中で特に重要な内容。
要旨…文章全体で筆者が伝えようとしている、特に重要な内容。

解答 p.12

要点を確認しよう

まずは攻略のカギで大事なことを確認！

要点のとらえ方 ⇒ 例題

話題と中心文を押さえよう。
（言いたいことの中心になっている文。）

段落（中心文）→ 要点

① **キーワード**（くり返し出てくる言葉）に注目して、**話題**をつかむ。
② 段落の**中心文**を探す。
③ 中心文を基に**要点**をまとめる。

要旨のとらえ方

文章の結論が書かれた段落に注目しよう。
（筆者がその文章で最も伝えたい内容。）

文章：段落｜段落｜段落｜結論の段落 → 要旨

① **結論**を述べている段落を探す。
・文章の最初や最後に注目！
・段落冒頭の結論を導く言葉に注目！
例「このように」「つまり」など
② 結論の段落の中心文を基に要旨をまとめる。

例題

次の文章を読んで、問題に答えなさい。

今の私たちの生活では、米や小麦などの穀物がないことなど考えられません。まさに、お米のほうを「主食」と呼ぶことからも明らかなように、農耕以後の食事では、食べ物と言えば穀類なのです。穀類の主成分は炭水化物であり、これこそが、すぐに燃やすことのできるカロリー源ですから、穀類を食べることによって、摂取カロリー量はたいへん増えました。狩猟採集生活で食べる植物性食物で、これほど炭水化物の含有量の多いものは、おそらくないでしょう。農耕によって、人類は、圧倒的に多くの炭水化物を摂取するようになったのです。

〈長谷川眞理子（はせがわまりこ）「ヒトはなぜ病気になるのか」による〉

✏ この文章の要点をまとめた次の文の□ⓐ・ⓑに当てはまる言葉を、文章中から抜き出しなさい。

ⓐ［　　］により穀物を食べるようになり、人類は多くのⓑ［　　　　］を摂取するようになった。

次の文章を読んで、問題に答えなさい。

1 震災*から一週間後、次のようなお話を被災者の方から伺いました。被災直後は、携帯電話やインターネットなどの通信手段を使うことができず、多くの方が家族や友人と連絡がとれませんでした。電気も止まっていたので、充電する手段もありません。ようやく携帯電話の電波が入るようになり、その方も急いでメールの受信ボタンを押したのですが、受信ボックスに大量のチェーンメールが届いてしまいました。そのため、安否確認の情報をなかなか受信できず、残りの電池もわずかであったため、大変に焦（あせ）ったということです。

2 また、次のようなお話も伺いました。避難所で生活していた方々のところに、被災地以外の場所で流通していたチェーンメールが届きました。その内容がセンセーショナルなものだったので、メールを受け取った被災者の方を中心に不安感が広がってしまった。メールの内容が事実かどうかを確認しようにも、ネットを使って調べることも自由にならない。その方はネットが通じるまでの間、大変、不安な気持ちで過ごされたそうです。

3 このように、震災時の流言やデマは、単に「間違った情報を鵜呑（うの）みにしてしまうと恥ずかしい」という話では済みません。大きなパニックを引き起こさなかったとしても、時間や物資、連絡手段などの限られる非常時には、救援活動を遅らせ、被災者などの不安感情をより拡大してしまうことにもなりかねません。ですから、非常時においても、流言やデマが広がりにくい環境をいかにして作っていくのかという課題が重要になるわけです。

〈荻上（おぎうえ）チキ「検証　東日本大震災の流言・デマ」による〉

＊震災…二〇一一年三月十一日に起きた東日本大震災のこと。

(1) **2**段落の要点として適切なものを次から一つ選び、記号で答えなさい。

ア 避難所での被災者の生活は大変なことが多かった。
イ 被災者にセンセーショナルなチェーンメールが届いた。
ウ 被災地ではメールは受信できたがネットは使えなかった。
エ チェーンメールによって被災者は不安な気持ちになった。

〔　　〕

(2) この文章の要旨をまとめた次の文の□に当てはまる言葉を、文章中から抜き出しなさい。

非常時に□□□□□が広がりにくい環境を作ることが重要な課題である。

ヒント

・要旨は結論の書かれた段落に注目！

結論を導く言葉がある段落に注目。

3段落冒頭に「このように」とあるよ！

ここで学んだ内容を次で確かめよう！

問題を解こう

30分

／100点

● 次の文章を読んで、問題に答えなさい。

1 石油と他の化石燃料との違いは、石油が燃料として使われる以外に化学素材としても貴重な物質であることだろう（石炭もその可能性はあるが、液体である石油の優位性が圧倒的に高い）。合成樹脂、合成繊維、合成ゴム、洗剤、医薬品、農薬や肥料、塗料、染料など、石油で作られないものがないほどである。現代の文明は石油で成り立っているとさえ言える。したがって、石油が枯渇するにつれ値段が上昇していけば、産業や生活に及ぼす悪影響が甚大となる。科学実験の器具なども石油製品が多いのだから、科学の進展にも影響するだろう。

2 エネルギー源として石油に代わるものは天然ガスが筆頭で、それ以外にはオイルシェール（石油分を含んだ頁岩）やメタンハイドレート（シャーベット状になった水分子に閉じ込められたメタンガス）など、いわゆる非在来型エネルギー源の開発が進められている。これらは採掘・精製に石油以上の手間がかかり、海底から漏出しないよう採取する（メタンガスは二酸化炭素の二五倍の温室効果を示す）ための技術開発が不可欠であり、いっそう値段は高くなる可能性がある。さらに、環境破棄も憂慮される。

3 他方、再生可能エネルギー（自然エネルギー）としての太陽光・太陽熱・潮流・地熱・風力・水力・バイオマス[*1]などは、資源の枯渇を心配しなくてよいのと、環境への負荷が小さいという長所がある。［　　］、エネルギー密度が小さいので、必然的に設備を大きくしな

段落ごとに中心文を探して要点を押さえ、結論の段落の内容を踏まえて要旨をとらえよう。

(1) 非在来型エネルギー源 とありますが、「非在来型エネルギー源」にはどのような欠点がありますか。（　）に当てはまる言葉を書き、二つにまとめなさい。 15点×2（30点）

・採掘・精製の手間がかかることや技術開発が不可欠で、（　　　　）点。

・（　　　　）点。

(2) ［　　］に当てはまる接続する語句を次から一つ選び、記号で答えなさい。（10点）

ア だから　**イ** しかし　**ウ** また　**エ** ところで　（　　）

(3) **3**段落の要点をまとめたものとして適切なものを次から一つ選び、記号で答えなさい。（10点）（　　）

ア 再生可能エネルギーには、太陽光や太陽熱、潮流、地熱、風力、水力、バイオマスなどを利用する。

イ 資源が枯渇する心配がなく、環境への負荷が小さいのが、再生可能エネルギーの長所である。

ウ 再生可能エネルギーは、大きな設備が必要で甚大な費用がかかり、供給が不安定という欠点がある。

エ エネルギー供給の技術の小型化、分散化、多様化につながる再生可能エネルギーを推進すべきだ。

ければならず、費用も甚大なものとなる。さらに、昼夜、天候、季節などによる差が大きく、供給が不安定になるという欠点もある。このような欠点はあるが、小型化が可能だし（むしろ小型のために柔軟性に富む）、分散型のため機動性に長けており、多様な組み合わせで安定化を図る工夫も可能である。これまでの原発を代表とする大型化・集中化・一様化の技術から、小型化・分散化・多様化の技術への移行として推進すべきであろう。

4 さらに、バイオマスを使った素材の活用（オイル、医薬品、衣料、染料、木工品など）にもつながる。石油からの合成ではなく、自然にあるものの利用である。それは大きく言えば、中央集中の「お任せ」体質から地方分権の「自立」意識の涵養[*2]という、文明観の転換につながる可能性を秘めている。私はこれを「地上資源文明」と呼ぶことにしている。

5 つまり、石油を中心とした地下資源文明から、地上資源に依拠した文明へと転換するよう力を尽くすことが、これからの科学の重要な目標になるのではないだろうか。有限の地球から科せられた限界を破る契機としたいものである。

〈池内了「科学の限界」による〉

＊1　バイオマス…動植物から生まれた、再生可能な有機性資源。化石燃料を除く。
＊2　涵養…徐々に養い育てること。

(4) **4**段落の要点をまとめた次の文の［　］ⓐ・ⓑに当てはまる言葉を、文章中からⓐは十一字で、ⓑは十五字以内で抜き出しなさい。　15点×2（30点）

・［ⓐ］を活用することが、［ⓑ］を秘めている。

ⓐ

ⓑ

(5) この文章の要旨を、「今後の科学の重要な目標は、……」に続くように、四十字以内で書きなさい。　（20点）

今後の科学の重要な目標は、

6日目はここまで。

文学的文章①

場面…物語の中の出来事や、状況によって区切ることのできる一まとまりの部分。

解答 p.14

要点を確認しよう

まずは攻略のカギで大事なことを確認！

場面のとらえ方 → 例題

場面をとらえるには、「誰が」「どうした」を押さえよう。

場面をとらえるときのポイント

誰が（登場人物）

人を表す言葉に注目！
・名前やあだ名
・関係性を表す表現
・代名詞

例 ゆみ子・ゆっちー
例 母・先生・社長
例 私・あなた・彼

初めに名前で出てきた人物を、**関係を表す表現**や**代名詞などの別の言葉**で表すことがあるよ。

どうした（出来事）

登場人物の行動・様子・言葉に注目！

例 旅に出た
うずくまった

出来事については、登場人物だけでなく、**事件や思いがけない事柄**にも注目しよう。
例 防犯ベルが鳴った　車が壊れた

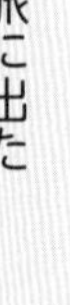

例題 次の文章を読んで、問題に答えなさい。

慌ただしく孝俊（たかとし）の父ちゃんが来たのは、それから二十分後のことだ。

「政（まさ）さん、帰ってないのか」

おれと由真（ゆま）はきょとんとしていた。それから、ぎこちなくうなずいた。孝俊の父ちゃんはおれたちを見たあと、あごを少し上げて、言葉を押し込めるように息をぐっと吸い、そして、慌てた様子で出て行った。

ただならぬ雰囲気に、身体（からだ）の細胞のひとつひとつがざわめく感覚があった。

「にいにい、父ちゃんいなくなったの？」

このとき、おれの頭はやけにクリアだった。視界もさえざえとして、普段は目につかない部屋の隅の埃（ほこり）までもがよく見えた。

〈椰月美智子（やづきみちこ）「14歳の水平線」による〉

✎ この場面に登場する人物を、文章中から全て抜き出しなさい。

〔　　　　〕

次の文章を読んで、問題に答えなさい。

春休みに入るとすぐに、この町を離れる日がやって来た。ぼくは駅のホームでクラスメート達に囲まれていた。父さんと母さんは自家用車に乗って、すでに朝早く東京に向けて出発していた。ぼくは一人、列車で東京に向かうことにしていたのだ。変な映画の見過ぎかもしれないけれど、別れは駅のホームにかぎるとぼくは思っていた。

そして事実、みんなが駅に見送りに来てくれた。でも、ぼくらはうまくその時間を過ごすことができなかった。別れの寂しさと、それを口に出す気恥ずかしさなどが入りまじった妙な気持ちだった。

小森瑞穂と辻内早苗が、中野美香をぼくの前に押しやった。中野美香は身体を硬くして下を向いており、その後ろで二人が目を合わせてくすくす笑っていた。

中野美香は手に持った紙袋をぼくに向かって差し出し、「これ、みんなから」と言った。

「それからこれ、お弁当。今朝作ったの。電車の中で食べてね」

ふだんの中野美香とは思えないほどか細い声だった。

「ありがとう」と言いながら、ぼくは紙袋とお弁当を受け取った。それから改めてみんなの顔を一人一人見ながら「本当にありがとう」と言った。でもその中に、岩崎の顔はなかった。岩崎は、結局来てはくれなかったみたいだった。やっぱりまだぼくに対してわだかまりを感じているのかもしれないと思った。

「大丈夫、みんなからという中に岩崎も入っているから」

そんなぼくの気持ちを察してか、吉田が慌てて取り繕うように言った。

「きっと、急な用事ができたんだよ」

さすがに吉田は最後まで吉田だ。空気を読んで先回りして何とかしようとする。

〈阪口正博「カントリー・ロード」による〉

(1) ぼくは一人、列車で東京に向かうことにしていた　とありますが、この行動の理由がわかる一文を文章中から抜き出し、初めの五字を書きなさい。

[　][　][　][　][　]

(2) この場面を説明した次の文の[　]ⓐ・ⓑに当てはまる言葉を、文章中から抜き出しなさい。

町を離れる「ぼく」のために、ⓐ[　][　][　][　][　][　]が、駅にⓑ[　][　][　]に来てくれた場面。

ヒント

誰が・どうしたのかをとらえよう。

ⓐには「誰」、ⓑには「どうした」に当たる内容が入るね。

この場面の登場人物は、「ぼく」とクラスメート達だね。

ここで学んだ内容を次で確かめよう！

問題を解こう

／100点

● 次の文章を読んで、問題に答えなさい。

〈少年（風間塵）はピアノコンテストで予選を通過し、本選ではプロのオーケストラの伴奏で演奏することになっている。本選のためのリハーサルで、少年はオーケストラの楽団員の立ち位置を調整し始めた。〉

「すみません、もうちょっとこっちに立ってもらっていいですか？」

コントラバスにまで頼んでいる。

苦笑し、肩をすくめる楽団員もいる。

オーケストラと初共演の少年が、楽器を演奏して数十年クラスの、名うてのプロに立ち位置をご教示なさるとは。

①明らかに不快そうな顔の者もいる。

が、少年は平気な顔だ。

「――ここ、場所を変えると、演奏しづらくなるんだけどな」

チューバ担当が、ボソリと不満そうな声を漏らした。

と、少年がパッと振り向いた。

「ああ、そこね、床がひずんでるんです。たぶん、数年前に修理したことがあって、裏から合板を貼るかなんかして、そこだけ重くなって、密度が違うんでしょう。なので、そこの真上に立つと、音が綺麗に伸びていかないんです」

チューバ担当はぎょっとしたように顔を上げた。

皆が顔をちらっと見合わせる。

少年は、平然とピアノの前にやってきて、椅子に腰を下ろした。

「じゃあ、すみません、もう一度、第三楽章お願いします。②浅野さー小野寺は、信じがたい心地になった。

さっきも大音量で演奏していたと思ったのに、今回のほうがずっと大きい。しかも、風間塵の音に釣られて、いよいよみんな音が大きくなっていく。

楽団員の表情が真剣になっていた――いや、必死になっていると言ったほうがいい――風間塵のピアノに振り落とされまいと、置いていかれまいと、みんなが必死になっている。

〈恩田陸「蜜蜂と遠雷」による〉

＊トリル…二つの音を素早く交互に弾くこと。

人を表す言葉に注目して登場人物を確認し、誰がどうしたのかを押さえて、場面をとらえよう。

(1) この場面はどのような場面ですか。次の文の［　］ⓐ・ⓑに当てはまる言葉を書きなさい。 15点×2（30点）

・［ⓐ］が、［ⓑ］に指示をして、本選のリハーサルをしている場面。

ⓐ（　　　　）

ⓑ（　　　　）

(2) ①明らかに不快そうな顔の者もいる。とありますが、それはなぜですか。適切なものを次から一つ選び、記号で答えなさい。（15点）

ア 少年は明らかに経験が浅いのに、プロに指示をしているから。

イ 少年の指示が曖昧で、何をすればいいかわからないから。

ん、バランス聴いててくださいねー」

少年は、客席の調律師に向かって叫んでから、③小野寺を見上げ、にこっと笑った。

小野寺は、つられて頷き、言われるがままに指揮棒を構えた。楽団員も狐につままれたような顔でそれに続く。

一瞬の沈黙。

少年が最初の低音部のトリル*を弾き始めた瞬間から④度肝を抜かれた。

大きい。

楽団員の目の色が変わる。

音が大きい。

なんとクリアに耳に飛びこんでくることか。

楽団員たちの驚いた顔を見ながら、小野寺は指揮棒を振り下ろす。

条件反射のように、オケも一斉に飛びこむ。

たちまち、ギアが入った。

木管と掛け合いのように上っていくフレーズ。金管が入り、ティンパニの重低音が加わる。

ピアノのソロ。

確固たる、自信に満ちたリズム。

見えない機関車が、牽引していくように、オケは引っ張られていった。

全くゆるぎなく、ピアノに導かれて曲は進む。

なんて粒の揃った、身の詰まった音なんだ。

弦楽器が掛け合いに加わる。

嘘だろう。

ウ 少年のピアノの音が大きすぎて、調和が取れないから。

エ 少年の言葉遣いが、目上の者に対する礼儀を欠いていたから。

（　　）

(3) ②浅野さーん ③小野寺 とは誰ですか。適切なものを次から一つずつ選び、記号で答えなさい。 10点×2 (20点)

ア チューバ担当　**イ** 指揮者　**ウ** ティンパニ担当

エ ピアノの指導者　**オ** 調律師

②（　　）③（　　）

(4) ④度肝を抜かれた とありますが、それはなぜですか。文章中の言葉を使って書きなさい。 (20点)

（　　）

(5) 少年の人物像の説明として適切なものを次から一つ選び、記号で答えなさい。 (15点)

ア ピアノの演奏については飛び抜けた才能を発揮するが、オーケストラの知識は乏しい人物。

イ 周囲をあ然とさせるような音楽の才能をもっているが、協調性がなく演奏を乱しがちな人物。

ウ 音楽について飛び抜けた才能をもつ一方、マイペースで周りの人間の心情に無頓着な人物。

エ 音楽の才能があると自負する気持ちが強すぎて、周囲に嫌味な態度を取ってしまう人物。

（　　）

8日目 文学的文章②

心情…登場人物の心の動きのこと。
主題…作者が文章を通して伝えようとしていること。作品の中心となるもの。

解答 ＞ p.16

要点を確認しよう

まずは攻略のカギで大事なことを確認！

心情のとらえ方 ➡ 例題(1)

直接心情を表す表現、**人物の行動・様子・言葉**、**情景描写**に注目して、心情を読み取ろう。

例

「やった、大成功！」（人物の言葉）うれしい。（直接心情を表す表現）ふっくら焼けたケーキを見ると自然と顔がにやける。（人物の様子）窓の外を見ると、雨はやみ、明るい日差しが差し込んでいた。（情景描写）

主題のとらえ方 ➡ 例題(2)

文章の**山場**（話が盛り上がる場面）や主要な登場人物の**心情の変化**に注目して、主題をとらえよう。

例

もう、正直に話そう。これ以上隠し続けることはできない。ぼくは、腹を決めてノボルを呼び出した。「ごめん。ずっとうそをついていたんだ。」（うそを打ち明ける場面（山場））

そう打ち明けた瞬間、胸の奥につかえていた重苦しいものがすっと溶けていった。打ち明けてよかった。（打ち明けてよかった（心情の変化））

⬇

主題 正直になることの大切さ

例題

次の文章を読んで、問題に答えなさい。

下り坂を使って勢いをつけた選手が、次々とスピードに乗って平坦な場所を追いかけてくる。

まだ第二中継所までは二キロ以上ある。駅伝は始まったばかり。こんな手前で、抜かれるわけには行かない。

穂波は下り坂から平坦な道を走る為にギアを変え、ストライドを少し広げた。自分はあの時とは違う。格上の相手を恐れ、怯んでしまった中学生の自分とは。

激しく降る雨は勢いを弱め、雲間からは幾筋もの光が差し込んできた。

〈蓮見恭子「襷を、君に。」による〉

(1) 下り坂を……追いかけてくる。とありますが、この様子を見たときの「穂波」の心情を表す一文を文章中から抜き出し、初めの五字を書きなさい。

□□□□□

(2) この文章の主題として適切なものを次から一つ選び、記号で答えなさい。

ア 走り続けることの大切さ　**イ** 仲間への信頼
ウ 過去の自分への挑戦　**エ** 駅伝の楽しさ

〔　　〕

次の文章を読んで、問題に答えなさい。

〈カズユキは一人暮らしをするために家を出ることになった。出発の日、両親はいつもどおり出かけてしまい、特別な挨拶も見送りもなかった。〉

落ち込んだまま家を出て、落ち込んだまま駅に向かい、もしかしたら両親が駅に見送りに来てくれるかもしれないという最後の希望を託してホームを見渡し、誰もいないのを確かめて、泣きだしたい気持ちで列車に乗り込んだ。

席について、マンガでも読もうかとスポーツバッグを開けると――着替えの奥に、黄色いものを見つけた。

こんなもの入れたっけ、と怪訝（けげん）に思いながら取り出してみると、それはポンカンだった。

鮮やかな黄色の皮に、サインペンで文字が書いてある。

〈悔いのないように大学生活を送ってください　父〉

〈健康第一でがんばってください　母〉

二人の字だ。間違いない。親父さんとおふくろさんの字だった。カズユキが出かけている隙に、おふくろさんがこっそりバッグに入れたのだろう。親父さんも書いているということは、もう、ゆうべのうちに作戦を立てていたのだろう。

列車が動きだす。ガタン、という揺れに紛（まぎ）らせて、へへっと笑った。

西の地方の夕暮れは遅い。空にはまだ夕陽（ゆうひ）の明るさがかすかに残っていた。窓の外をふるさとの風景が流れる。わが家で過ごした日々が遠ざかっていく。

カズユキはポンカンの皮を剝（む）いた。酸（す）っぱい果汁がピュッと飛び散って、目に染（し）みた。

〈重松清（しげまつきよし）「拝復、ポンカンにて」による〉

(1) 列車に乗ったときのカズユキは、どのような気持ちでしたか。文章中から十字以内で抜き出しなさい。

(2) 二人の字　とありますが、これを見たときのカズユキの気持ちとして適切なものを次から一つ選び、記号で答えなさい。

ア　腹立たしい　イ　がっかりした
ウ　うれしい　エ　面白い

〔　　〕

(3) この文章の主題として適切なものを次から一つ選び、記号で答えなさい。

ア　旅立ちの日の寂しさ
イ　目に見えない親子のきずな
ウ　ポンカンに込めた故郷への思い
エ　育ててくれた両親への感謝

〔　　〕

ヒント

この場面の**山場**とカズユキの**心情の変化**をとらえよう。

・**山場**…メッセージが書かれたポンカンを見つけた場面。

・**心情の変化**…両親の見送りがなくて落ち込んでいた。

⬇メッセージを読んで、「へへっと笑った」。

カズユキは、ポンカンのメッセージを通して、両親の愛情を感じているね。

問題を解こう

／100点

● 次の文章を読んで、問題に答えなさい。

[①]「ファイトファイト！　もう一息だ！」

　かろうじてうなずいてみせる。足がもう前に出ない。まだこれからグラウンドを一周しなければならないなんてつらすぎる。自転車置き場の横を過ぎ、体育館の裏手を通り、やっとグラウンドが見えてくる。ジャージの生徒たちが散らばっている。その明るい場所へ、私は一向に近づいていかないような気がする。走っているのか歩いているのか自分でもわからない。足は上がっているのか、地を這(は)っているだけなのか。それより、この心臓はだいじょうぶなのか。耳か、頭か、もしかすると目の奥が、ガン、ガン、ガン、と規則正しく鳴っている。このガンはラ。ドレミファソラ、の、ラだ。そんなことがわかったってなんにもならない。絶対音感なんてどこかへ行ってしまえ。

　汗だくになって走りながら、私の目はトラックの茶色しか見ていない。私の耳は、ガン、ガン、ガン、――と、それから[②]かすかな旋(せん)律(りつ)をとらえる。どこからか、歌が聞こえる、ような気がする。最初はひとつの声。か細い、頼りない旋律だったのが、次第(しだい)に声が集まって大きく力強くなっていく。幻聴？　ではない。荒い息と心臓の鼓動と耳鳴りと、それらを超えて歌が聞こえる。何の歌だかわからなかった。ただ、どこかで聞いたことのある歌だと思った。顔を上げて、あたりを見る。足がふらつき、視界が揺れる。その隅に、ジャージの一団がかたまっているのが見える。ふたり、三人、と集まってくる。まんなかにいるのは短パンの小柄な生徒だ。

めに――いつのまにか声を合わせたように。その自然な感情の高まりこそが歌だったんじゃないか。足を引きずり涙を拭いながら私は走っている。歌声が大きくなる。あと少しで、ゴールだ。

〈宮下奈都(みやしたなつ)「よろこびの歌」による〉

登場人物の行動、言葉、様子に注目して心情を読み取り、文章の主題をとらえよう。

(1) [①]ファイトファイト！　もう一息だ！　**とありますが、こう言われたときの「私」の気持ちとして適切なものを次から一つ選び、記号で答えなさい。**（20点）

ア　熱のこもった声援に心を動かされ、他人の優しさに深く感謝している。

イ　かろうじて応援に応えたが、体力が限界に達してますますつらくなっている。

ウ　人の優しさに触れたことで、自分が一人では何もできなかったことを反省している。

エ　自分の力の限界を感じ、応援してくれている人たちに申し訳ないと思っている。

（　　　）

(2) [②]かすかな旋律　**とありますが、これは何の旋律でしたか。文章中から抜き出しなさい。**（20点）

（　　　　　　　　）

郵　便　は　が　き

おそれいりますが，切手をおはりください。

1 4 1 - 8 4 2 6

東京都品川区西五反田２－11－８
(株) 文理

「コーチと入試対策！」
アンケート 係

ご住所	〒　都道府県　市区郡　電話　－　－		
お名前	フリガナ	男・女	学年　年
お買上げ月	年　月	学習塾に	□通っている　□通っていない
スマートフォンを	□持っている　□持っていない		

＊ご住所は町名・番地までお書きください。

✂はがきで送られる方はここを切り取ってください。

「コーチと入試対策！」をお買い上げいただき，ありがとうございました。今後のよりよい本づくりのため，裏にありますアンケートにお答えください。アンケートにご協力くださった方の中から，抽選で（年２回），**図書カード1000円分**をさしあげます。（当選者の発表は賞品の発送をもってかえさせていただきます。）

《はがきで送られる方》

① 左のはがきの下のらんに，お名前など必要事項をお書きください。
② 裏にあるアンケートの回答を，右にある回答記入らんにお書きください。
③ 点線にそってはがきを切り離し，お手数ですが，左上に切手をはって，ポストに投函してください。

《インターネットで送られる方》

文理のホームページよりアンケートのページにお進みいただき，ご回答ください。

https://portal.bunri.jp/questionnaire.html

利用目的とお問い合わせ先，発売元情報

① ご記入いただいた個人情報（住所や名前など）は，商品・サービスのご案内，企画開発に使用いたします。
② お寄せいただいた個人情報に関するお問い合わせは，下記よりお願いいたします。
https://www.bunri.co.jp/corporate/contact_us.html
③ 当社の個人情報保護については当社ホームページをご覧ください。
https://www.bunri.co.jp/privacy/privacy.html
④ 発売元　株式会社　文理
東京都品川区西五反田 2-11-8
代表取締役社長　土屋　徹

アンケート

●次のアンケートにお答えください。回答は右のらんにあてはまる□をぬってください。

［1］お買い上げになったのはどちらですか。
①8日間完成　中学1・2年の総まとめ
②10日間完成　中学3年間の総仕上げ

［2］お買い上げになった教科は何ですか。
①国語　②社会　③数学　④理科　⑤英語

［3］この本を選んだのはどなたですか。
①自分(中学生)　②保護者　③その他

［4］この本を選ばれた理由は何ですか。(複数可)
①内容・レベルがちょうどよいので
②説明がわかりやすそうなので
③カラーで使いやすそうなので
④知り合いにすすめられたので
⑤書店やネットなどですすめられていたので
⑥キャラクターにひかれたので
⑦付録がついているので
⑧その他

［5］この本の使用目的を教えてください。（複数可）
①授業の予習・復習　②長期休み時の復習
③高校受験対策　④その他

［6］内容はいかがでしたか。
①わかりやすい　②わかりにくい　③その他

［7］問題の量はいかがでしたか。
①ちょうどよい　②多い　③少ない

［8］問題のレベルはいかがでしたか。
①ちょうどよい　②難しい　③やさしい

［9］ページ数はいかがでしたか。
①ちょうどよい　②多い　③少ない

［10］表紙デザインはいかがでしたか。
①よい　②ふつう　③よくない

［11］解答・解説はいかがでしたか。
①わかりやすい　②もっと詳しく
③その他

［12］役に立った付録は何ですか。(複数可)
①小冊子の応援日めくり
②入試チャレンジテスト（3年間のみ）
③ふりかえりシート（解答解説巻末）
④その他

［13］学習記録アプリ[まなサポ]はいかがですか。
①役に立つ　②役に立たない
③使用していない

［14］文理の問題集で，使用したことがあるものがあれば教えてください。(複数可)
①中学教科書ワーク
②中間・期末の攻略本
③中学教科書ガイド
④わからないをわかるにかえる
⑤完全攻略
⑥その他

［15］この本について，ご感想やご意見・ご要望がありましたら，教えてください。

［16］文理以外の本で，お使いになっている参考書や問題集がございましたら，教えてください。また，どんな点がよかったかも教えてください。

アンケートの回答：記入らん

［1］　□①　□②
［2］　□①　□②　□③　□④　□⑤
［3］　□①　□②　□③(　　　)
［4］　□①　□②　□③　□④　□⑤　□⑥
　　　□⑦　□⑧(　　　)
［5］　□①　□②　□③　□④(　　　)
［6］　□①　□②　□③(　　　)
［7］　□①　□②　□③　［8］　□①　□②　□③
［9］　□①　□②　□③　［10］　□①　□②　□③
［11］　□①　□②　□③(　　　)
［12］　□①　□②　□③　□④(　　　)
［13］　□①　□②　□③
［14］　□①　□②　□③　□④　□⑤
　　　□⑥(　　　)
［15］
［16］

ご協力ありがとうございました。コーチと入試対策はっとした。まさか、と思う。これはもしかして、あの歌、だろうか。あの、私たちが合唱コンクールで歌った歌。最後までうまく歌えなくて、それどころかクラスが全然まとまらず、わずかな自信までなくしていた。あのときの歌とは、まるで別の歌に聞こえる。でも、たしかにあの歌だ。こんな歌だったのか。こんなに素朴で、いきいきと生きるよろこびを歌った歌だったとは。若草が薫り、雲雀が舞う空の下で、若い田舎娘たちが裸足で戯れながら歌を歌っている。トラックを走りながら、目の前にその光景が浮かぶようだ。

私はまったく考え違いをしていた。歌わせよう、歌わせようとした。技巧を重視して、歌う動機も気持ちも置き去りにした。薄暗い教室で、譜面から目を離さず、注意ばかり飛ばして歌わせる歌では決してなかった。聴かせよう、感動させようと歌う歌でもない。これは、まぎれもなく彼女たちの歌、そして私たちの歌だ。

足が震えそうだ。胸が高鳴っている。マラソンのせいばかりではない。曇る目に、原さんが映っている。牧野さんも柴崎さんも、中溝さんもいる。③歌のはじまりに私たちは立ち会っている。ここにいるみんなが、何もなかったこの場所に歌のはじまるところを確かに見た。

もともと、歌のはじまりはこういうものだったのかもしれない。よろこびや、祈りや、誰かに届けたい思いを調べに乗せる。同級生たちが私に向かって――おそらくは学校一、足の遅い私を励ますた

(3) ③歌のはじまりに私たちは立ち会っている。について、次の各問いに答えなさい。

1 「私」が思う「歌のはじまり」とは、どのようなものですか。文章中の言葉を使って書きなさい。(25点)

（　　　　）

2 このときの「私」の気持ちとして適切なものを次から一つ選び、記号で答えなさい。(15点)

ア 自分の過ちを知って反省している。
イ 思いがけないことに感動している。
ウ 予想外の出来事に驚き慌てている。
エ 同級生のありがたさを痛感している。

（　　）

(4) この文章の主題として適切なものを次から一つ選び、記号で答えなさい。(20点)

ア つらいマラソン
イ 大切な同級生
ウ 合唱コンクールの思い出
エ 歌の原点

（　　）

8日目はここまで。

詩・短歌・俳句

短歌は三十一音で情景や心情を表現しますが、俳句はさらに短く十七音。季語を入れるところも短歌との違いです。

解答 p.18

要点を確認しよう

まずは攻略のカギで大事なことを確認！

表現技法 → 例題1

詩・短歌・俳句の鑑賞では、表現技法に注目しよう。

比喩	直喩	「ようだ」などの言葉を使って直接たとえる。
	隠喩	「ようだ」などの言葉を使わないでたとえる。
擬人法		人でないものを人に見立てる。
倒置（法）		語順を普通と入れかえる。
体言止め		行末や句末を体言で止める。
反復（法）		同じ言葉をくり返す。
対句		似た組み立ての表現を並べる。

短歌・俳句の形式 → 例題2

短歌の形式と俳句の形式の違いを理解しよう。

短歌…五・七・五・七・七の三十一音を原則とする定型詩。

※定型より音数の多いものは**字余り**、少ないものは**字足らず**という。

垂乳根の（五音〈初句〉） 母が釣りたる（七音〈第二句〉） 青蚊帳を（五音〈第三句〉） すがしといねつ（七音〈第四句〉）
たるみたれども（七音〈結句〉）
長塚節

俳句…五・七・五の十七音を原則とする定型詩。

※原則として一句に一つ、季節を表す**季語**が詠み込まれる。

※**切れ字**（「ぞ」「かな」「けり」など）が感動の中心を表す。

※定型にとらわれない俳句を**自由律俳句**という。

名月を（五音〈初句〉） 取てくれろと（七音〈第二句〉） なく子かな（五音〈結句〉）
季語（秋）：名月　切れ字：かな
小林一茶

例題1 次の短歌を読んで、問題に答えなさい。

金色のちひさき鳥のかたちして銀杏ちるなり夕日の岡に
与謝野晶子

(1) この短歌では、何を何にたとえていますか。次の文の［　］ⓐ・ⓑに当てはまる言葉を、短歌から抜き出しなさい。

ⓐ［　　］を ⓑ［　　］にたとえている。

(2) 比喩以外に、この短歌で用いられている表現技法を次から一つ選び、記号で答えなさい。

ア 倒置　**イ** 体言止め　**ウ** 反復　**エ** 対句

［　　］

例題2 次の俳句を読んで、問題に答えなさい。

咲きみちて庭盛り上がる桜草
山口青邨

この俳句の季語と季節を答えなさい。

季語［　　］　季節［　　］

1 次の詩を読んで、問題に答えなさい。

地球のリズム　　鈴木初江（すずきはつえ）

堤防にすわっていると
①地球のきざむリズムが
四方からよせてくる

はるかな水平線で
太陽は横広にゆがみながら沈み
ふりかえれば黒ぐろとした山並み（やまな）から
生まれたての月がのぼる
頭の上の七つ星はゆるりとまわり
飛行機の小さなあかりだけが
せわしなく夜空をよこぎっていく
②――いつも　こうだった
――ずうっと　こうだった
よせてはかえす波のささやき
いつのまにか
③おなじリズムのぼくの鼓動

(1) ①地球のきざむリズム　とは、何のことですか。詩の中から一語で抜き出しなさい。〔　　〕

(2) ②――いつも　こうだった／――ずうっと　こうだった　③おなじリズムのぼくの鼓動　とありますが、これらに用いられている表現技法をそれぞれ次から一つずつ選び、記号で答えなさい。

ア 直喩　**イ** 隠喩　**ウ** 擬人法　**エ** 倒置
オ 体言止め　**カ** 反復　**キ** 対句

②〔　　〕　③〔　　〕

ヒント
②は各行の組み立てに注目。
③は「鼓動」という言葉に注目。

②各行の組み立てが似ているよ。
③「鼓動」は名詞（体言）だよ。

2 次の短歌・俳句を読んで、問題に答えなさい。

A みちのくの母のいのちを一目見ん一目見ん（ひとめ）とぞただにいそげる　斎藤茂吉（さいとうもきち）

B 五月雨（さみだれ）を集めて早し最上川（もがみがわ）　松尾芭蕉（まつおばしょう）

(1) 一目見ん一目見ん　に用いられている表現技法を答えなさい。〔　　〕

(2) Bの俳句の季語と季節を答えなさい。

季語〔　　〕　季節〔　　〕

ここで学んだ内容を次で確かめよう！

問題を解こう

30分

/100点

1 次の詩を読んで、問題に答えなさい。（35点）

出発　高階杞一（たかしなきいち）

枝は古い
けれど
鳥は新しい
春ごとに覚えたての歌を口ずさむ

椅子は古い
けれど
空は新しい
日々生まれたての光をふりそそぐ

暗く長い冬を読み終えて
ぼくは今日
次のページをめくる

窓をあけ
新しい鳥の歌を聞くために
新しい光と会うために
そして
新しい場所へと出かけていくために

表現技法に注意して、詩に描かれている内容をとらえよう。短歌・俳句は、その形式を押さえよう。

(1) この詩の第一連と第二連に用いられている表現技法として適切なものを次から二つ選び、記号で答えなさい。5点×2（10点）

ア 直喩　**イ** 隠喩　**ウ** 擬人法　**エ** 倒置
オ 体言止め　**カ** 反復　**キ** 対句

（　　）（　　）

(2) 第三連に用いられている隠喩について説明した次の文の□に当てはまる言葉を、漢字二字で考えて書きなさい。（15点）

「ぼく」の人生を□□にたとえて表現している。

(3) この詩にはどのような思いが描かれていますか。適切なものを次から一つ選び、記号で答えなさい。（10点）

ア 他の人が少しも気づいていない鳥や光などの自然の美しさを、多くの人に伝えようとする思い。
イ 想像力があれば、どんなにつらい状況であっても心豊かに過ごせるのだという思い。
ウ この先の新しい出会いを求めて、未来に向かって一歩を踏み出そうとする思い。
エ 自分がまだ知らないさまざまなものとの出会いを、これからは大切にしたいという思い。

（　　）

2 次の短歌・俳句を読んで、問題に答えなさい。（65点）

A やはらかに柳あをめる
北上の岸辺目に見ゆ
泣けとごとくに　石川啄木

B くれなゐの二尺伸びたる薔薇の芽の針やはらかに春雨のふる　正岡子規

C 観覧車回れよ回れ想ひ出は君には一日我には一生　栗木京子

D 小春日や石を噛み居る赤蜻蛉　村上鬼城

E 桐一葉日当りながら落ちにけり　高浜虚子

F 万緑の中や吾子の歯生え初むる　中村草田男

G 外にも出よ触るるばかりに春の月　中村汀女

(1) 次の表現技法を用いた作品をA～Gから全て選び、記号で答えなさい。　完答5点×4（20点）

体言止め（　　）
倒置（　　）
反復（　　）
対句（　　）

(2) D・Eの俳句と同じ季節が描かれているものを次から一つずつ選び、記号で答えなさい。　5点×2（10点）

ア 菜の花や月は東に日は西に　与謝蕪村
イ 匙なめて童たのしも夏氷　山口誓子
ウ 星空へ店より林檎あふれをり　橋本多佳子
エ 雪だるま星のおしやべりぺちやくちやと　松本たかし

D（　　）　E（　　）

(3) 外にも出よ　とありますが、なぜ外に誘っているのですか。「……が見られるから。」に続くように書きなさい。（15点）

（　　　　　　　　）が見られるから。

(4) 次の①～④は、A～Gのどの作品について説明したものですか。一つずつ選び、記号で答えなさい。　5点×4（20点）

① 雨にけぶる情景をありのままに描き写している。
② 鮮やかな色の対比の中で親の愛情が描かれている。
③ 遠い故郷の景色を思い浮かべてなつかしんでいる。
④ 季節外れに生き残った命のはかなさを詠んでいる。

①（　　）　②（　　）
③（　　）　④（　　）

9日目はここまで。

10日目

古文・漢文

歴史的仮名遣い…古文で使われている仮名遣い。
返り点…漢文を日本語の順序で読むために漢字の左下に付けた記号。

解答 p.20

要点を確認しよう

まずは攻略のカギで大事なことを確認！

歴史的仮名遣い ⇒ 例題1

歴史的仮名遣いを現代仮名遣いに直すルールを覚えよう。

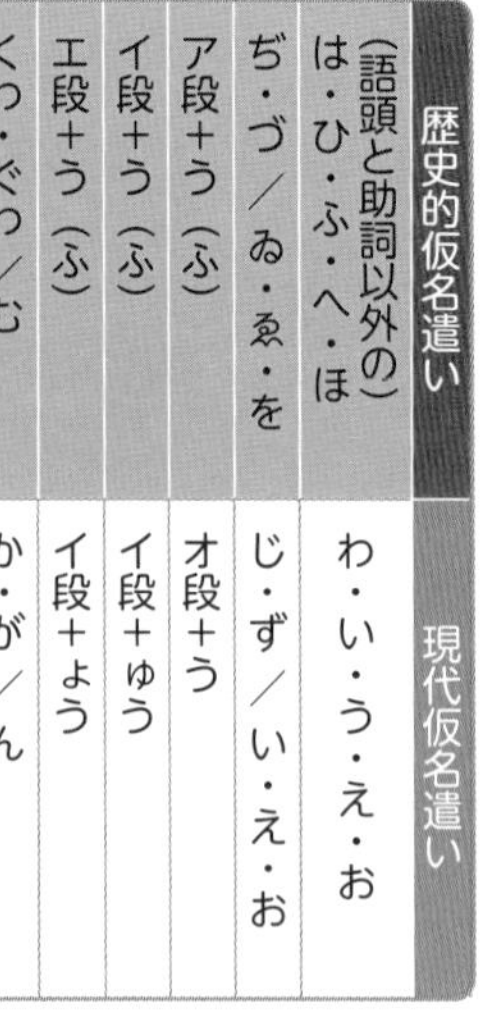

歴史的仮名遣い	現代仮名遣い
（語頭と助詞以外の）は・ひ・ふ・へ・ほ	わ・い・う・え・お
ぢ・づ／ゐ・ゑ・を	じ・ず／い・え・お
ア段＋う（ふ）	オ段＋う
イ段＋う（ふ）	イ段＋ゅう
エ段＋う（ふ）	イ段＋ょう
くわ・ぐわ／む	か・が／ん

「てふ」は「エ段＋ふ」なので「イ段＋ょう」に直して「ちょう」と読むよ。

漢文の訓読のしかた ⇒ 例題2

返り点のルールを覚えよう。

返り点	読み方	例
レ点	まず下の一字を読み、上に返ってレ点の付いた漢字を読む。	②見ルレ①空ヲ。（空を見る。）
一・二点	一点の付いた字まで先に読み、二点の付いた字に返って読む。	③思フ二①故②人ヲ一。（故人を思ふ。）

他にも、一・二点をまたいで返る場合に使われる「上・下点」、レ点と一点が組み合わさった「㆑点」などもあるよ。

例題1 次の文章を読んで、問題に答えなさい。

月のいと明かき（とても明るい）に、川をわたれば（（牛車で）川を渡ると）、牛の歩むままに（牛が歩くのにつれて）、水晶などの①われたるやうに、水の散りたるこそ②をかしけれ。

〈清少納言「枕草子」による〉

①われたるやうに　②をかしけれ　を現代仮名遣いに直して書きなさい。

① [　　　　]

② [　　　　]

例題2 次の漢文を読んで、問題に答えなさい。

他山之石、可ベシ二以もつテ攻おさム一レ玉ヲ

〈「詩経」による〉

意味 よその山から出た粗末な石でも、自分の宝石を磨くことができる。

可シ二以テ攻ム一レ玉ヲ　を書き下し文にしなさい。

[　　　　]

次の文章を読んで、問題に答えなさい。

＊1公世の二位のせうと①（兄）に、＊2良覚僧正と聞えしは（良覚僧正と申しあげた人は）、極て腹あしき（怒りっぽい）人なりけり。坊（僧坊）の傍に、大きなる榎の木のありければ、人、「榎木僧正」とぞ言ひける②。この名然るべからず（ふさわしくない）とて、かの木をきられにけり③。その根のありければ、「きりくひの僧正（切り株）」と言ひけり。いよいよ腹立ちて（ますます腹を立てて）、きりくひを掘り捨てたりければ④、その跡大きなる堀にてありければ、「堀池僧正」とぞ言ひける。

〈兼好法師「徒然草」による〉

＊1 公世の二位…従二位侍従藤原公世のこと。歌人。
＊2 良覚僧正…天台宗の大僧正。歌人でもあった。

(1) ①せうと ②言ひける を現代仮名遣いに直し、全て平仮名で書きなさい。

① ［　　　　］　② ［　　　　］

ヒント

① 「せう」…エ段＋う
は、「イ段＋ょう」に直すのだったね。

② 「ひ」…語頭と助詞以外の「ひ」→「い」
語頭と助詞以外の「は・ひ・ふ・へ・ほ」は「わ・い・う・え・お」に直すよ。

(2) ③かの木をきられにけり とありますが、良覚僧正はなぜ榎の木を切ったのですか。適切なものを次から一つ選び、記号で答えなさい。

ア 大きな榎の木が近隣の住民に迷惑をかけていたから。
イ 「榎木僧正」というあだ名が気に入らなかったから。
ウ 僧坊の榎の木が大きくなりすぎて邪魔だったから。
エ 「榎木僧正」以外のあだ名で呼んでほしかったから。

［　　］

(3) ④きりくひを掘り捨てたりければ とありますが、この結果、良覚僧正は何と呼ばれるようになりましたか。文章中から抜き出しなさい。

［　　　　］

ここで学んだ内容を次で確かめよう！

問題を解こう

／100点

1 次の文章を読んで、問題に答えなさい。（50点）

武州[*1]に西王の阿闍梨[*2]と云ふ僧有りけり。

「御年は、いくらに①ならせ給ひ候ふぞ（おなりですか）」と、人の問ひければ、「②六十に余り候ふ（六十には余ります）」と云ふに、七十に余りて見えければ、不審に覚えて、「六十には、いくら程余り給へる（六十には、どれほど余っていらっしゃいますか）」と問へば、「十四余りて候ふ」と云ひける。遥かの余りなりけり。七十と云へるよりも、六十と云へば、少し若き心地して、かく云ひける。

人の常の心なり。

色代（お世辞でも）にも、「御年よりも、遥かに若く見え給ふ」と云ふは嬉しく、「ことのほか（ひどく）に老いてこそ見え③給へ」と云へば、心細く本意なき（心細く残念なのは）は、人ごとの心なり（誰しも同じ気持ちである）。

〈「沙石集」による〉

＊1　武州…武蔵国のこと。今の埼玉県・東京都・神奈川県の東部にかかる地域。
＊2　阿闍梨…僧に対する敬称。

歴史的仮名遣いのルールに従って、現代仮名遣いに直して読もう。漢文は返り点のルールに従って読もう。

ガンバレ

(1) ①ならせ給ひ候ふぞ　を現代仮名遣いに直し、全て平仮名で書きなさい。（10点）

（　　　　）

(2) ②六十に余り候ふ　について、次の各問いに答えなさい。

1　阿闍梨はなぜこのように答えたのですか。次の（　）に当てはまる言葉を、ⓐは古文から抜き出し、ⓑは現代語で答えなさい。（ⓐ5点・ⓑ10点（15点））

六十といったほうが、ⓐ（　　　　）というよりも、ⓑ（　　　　）から。

2　阿闍梨は、実際は何歳ですか。漢数字で答えなさい。（5点）

（　　　　）歳

(3) ③給へ　は係り結びになっています。文章中から係りの助詞を抜き出しなさい。（5点）

（　　　　）

(4) この文章が伝えている内容として適切なものを次から一つ選び、記号で答えなさい。（15点）

ア　年齢に振り回されるのは、愚かだということ。
イ　修行を積んだ老僧は、思慮深いものだということ。
ウ　人は誰でも、若く見られたいものだということ。
エ　年齢は、その人の価値とは関係ないということ。

（　　　　）

2 次の文章を読んで、問題に答えなさい。（50点）

子[*1]貢問曰、「有下一言而可二以終身行レ之者上乎。」子曰、其恕[*2]乎。己所レ不レ欲、勿レ施二於人一。

〈「論語」による〉

＊1 子貢…孔子の弟子の一人。
＊2 恕…思いやり。

【書き下し文】

子貢問ひて曰く、「□者有りや。」と。子曰く、其れ恕か。己の欲せざる所は、人に施すこと勿かれと。

（□：ひと言で（言い表せて）一生行うべき）（其れ恕か：まあ恕だね）

(1) 【書き下し文】の□に当てはまる言葉を書きなさい。（10点）

（　　）

(2) ①子曰 について、次の各問いに答えなさい。

1 「子」とは、ここでは誰のことですか。具体的に答えなさい。（5点）

（　　）

2 「子」がいった言葉は、どこからどこまでですか。漢文中から探し、初めと終わりの漢字二字を書きなさい。（完答10点）

□□～□□

(3) ②勿施於人 に返り点を付けなさい。（完答10点）

勿　施　於　人

（　　）

(4) この文章が伝えようとしている内容として適切なものを次から一つ選び、記号で答えなさい。（15点）

ア 一生行うべき目標を決めることが必要だ。
イ 他人に対する思いやりの心が大切だ。
ウ 嫌なことも進んで行うべきだ。
エ 優しい人をもっと大切にするべきだ。

（　　）

10日目はここまで。

特集1

入試によく出る！ 品詞の意味・用法

品詞識別問題を解くときは、——線の言葉を別の言い方に変えたりして、意味を確かめよう。答えは問題のすぐ後、p.47を見てね。

● 次の文の——線部と同じ意味・用法のものを、後から一つずつ選びなさい。

の

① 冬の朝は、布団から出るのがつらい。

ア 山本さんのペットはハムスターだ。
イ 弟の考えることはよくわからない。
ウ 僕は朝早い時間に走るのが好きだ。
エ 一流シェフの作る料理を食べてみたい。

〔　　〕

② 早く君の描いた絵が見たいな。

ア 駅の近くの公園に集合する。
イ このペンケースは私のだ。
ウ パソコンの画面をじっと見つめる。
エ 父の運転する車でドライブをした。

〔　　〕

①「出るの」は「出ること」と言いかえられるよ。

②「君の」は「君が」と言いかえられるね。

ない

③ わからないことは、質問してください。

ア このお化け屋敷は全然怖くない。
イ 今日はお金がないので、買いません。
ウ 主人公の切ない恋心に感情移入する。
エ 絶対負けないぞと心に誓う。

〔　　〕

用言に続く「ない」のうち、「ぬ」と言いかえられるものは否定の助動詞だよ。「ない」の前に「は」を補えるものは補助形容詞だよ。

④ 今日は昨日ほど暑くないですね。

ア 今から始めたって、まだ遅くない。
イ みっともないことをするな。
ウ 今日は雨は降らないだろう。
エ 水がないと、生物は生きられない。

〔　　〕

に

⑤ 友達と遊園地に行く。

ア 寝坊して遅刻しそうになった。
イ 沖縄の海に潜ってみたい。
ウ 特に気になることはありません。
エ 今日は徹底的に掃除をしよう。

〔　　〕

⑥ 受験のことを思うと不安になる。

ア さらに練習を重ねる。
イ 正月に雑煮を食べる。
ウ 全員が静かに話を聞く。
エ 近所の人にかわいがられる。

〔　　〕

⑦ 放課後、先生に質問する。

ア スーパーで、偶然友達に会った。
イ 実に興味深い現象だ。
ウ りんごのように真っ赤な頬。
エ 急に雨が強くなってきた。

〔　　〕

れる・られる

⑧ 火曜日なら不燃ゴミを捨てられる。

ア パンならすぐに食べられる。
イ 春の気配が感じられる。
ウ 観光客に道を尋ねられる。
エ 先生が教室に来られる。

〔　　〕

⑨ 通りの向こうから名前を呼ばれる。

ア 子供でも行かれる安全な道だ。
イ お客さまが駅に到着される。
ウ 寝ている間に蚊（か）に刺される。
エ 昔のことが思い出される。

〔　　〕

⑩ 王様はその報告書を読まれましたか。

ア 祖母の健康が案じられる。
イ 校長先生がステージで話される。
ウ ゆっくりなら降りられそうだ。
エ よそ見をして先生に注意された。

〔　　〕

「れる・られる」には、「～される」という受け身、「～できる」という可能、「自然に～する」という自発、「～なさる」という尊敬の意味があるよ。

ながら

⑪ 彼は泣きながら話し始めた。

ア わかっていながら答えない。
イ 音楽を聞きながら勉強する。
ウ 子供ながら、知識が豊富だ。
エ 昔ながらの街並みが残る。

〔　　〕

らしい

⑫ 彼はリレーの選手に選ばれたらしい。

ア 春らしい暖かな午後。
イ 卒業生の活躍が誇（ほこ）らしい。
ウ 中学生らしい服装で出かける。
エ そのうわさは事実らしい。

〔　　〕

「選ばれたらしい」は「どうやら選ばれたらしい」、「春らしい」は「いかにも春らしい」と言葉を付け加えられるよ。

で

⑬ 原作を読んで、映画を見たくなった。

ア たくさん泳いで疲れた。
イ 警察官は公務員である。
ウ 学校まで自転車で行く。
エ 彼女はとても真面目である。

〔　　〕

「読んで」の「で」は、「書いて」や「行って」の「て」と意味が同じみたい…。

と

⑭ 雨が降ると、バスが遅れがちだ。

ア 姉と買い物に行く。
イ 歴史と国語が好きだ。
ウ ノックすると、返事があった。
エ 「こんにちは」と挨拶する。

〔　　〕

答え

① **ウ**　② **エ**　③ **エ**　④ **ア**　⑤ **イ**　⑥ **ウ**　⑦ **ア**
⑧ **ア**　⑨ **ウ**　⑩ **イ**　⑪ **イ**　⑫ **エ**　⑬ **ア**　⑭ **ウ**

特集2

記述問題も怖くない！
解き方テクニック

設問文で何が問われているのかを確認した後、答えとなる箇所を本文中から探し、条件に合わせてまとめよう！

攻略のカギ

設問パターンと答え方の確認

問い で何が問われているのかを押さえ、対応する **答え方** でまとめよう。

(1)理由の説明
問い「〜なぜですか」
答え方「〜から。」「〜ため。」など。

(2)言いかえ（内容説明）
問い「〜どういうことですか。」
答え方「〜（という）こと。」

(3)気持ちの説明
問い「〜どんな気持ちですか」
答え方「〜気持ち。」や気持ちを表す言葉。

答えの箇所の探し方

記述問題の答えに使う言葉は、必ず文章中から探そう。

- **傍線部のある問い**…傍線部の前後に注目して探す。
- **傍線部のない問い**…設問文に含まれるキーワードを手がかりに探す。

次の文章を読んで、問題に答えなさい。

英語の発音が、そのまま外来語として日本語になる場合は、種々ありますが、その多くが、その英語にあたる日本語がない場合です。コミュニケーションも、おそらく、それにあたる日本語がなかったために、外来語として定着していったのでしょう。辞書などをひくと、一応、「通じ合い」と書かれていますが、どうもピンときません。

英語のコミュニケーションにあたる日本語がないという事実は、❹日本人がコミュニケーションについて、あまり関心がなかったことを示しているように思われます。そのため、コミュニケーションのしかたなどをほとんど学ぶ機会がなく、外国人に、「日本人はコミュニケーションがへただ」などと言われてしまうのでしょう。

〈斎藤美津子（さいとうみつこ）「話しことばのひみつ」による〉

❶外国人に、……言われてしまう　とありますが、このように言われてしまうのは❷なぜだと筆者は考えていますか。❸文章中の言葉を使って五十字以内で書きなさい。

❺日本人がコミュニケーションにあまり関心がなく、そのしかたなどをほとんど学ぶ機会がなかったから。❻

✓設問文を確認する

❶傍線部の内容を読み取る。
▼日本人は外国人に、「コミュニケーションがへただ」と言われてしまう。

❷「なぜ」と❶の理由を問われている。
▼「〜から。」などの形でまとめる。

❸字数指定がある。
▼指定された字数（の範囲）を厳守する。

五十字以内と指定がある場合は、五十字の八割（四十字）以上五十字以内で書くよ。

✓答えの箇所を探す

❹傍線部の前に注目する。

解答要素
- コミュニケーションにあまり関心がない。
- コミュニケーションのしかたなどをほとんど学ぶ機会がない。

✓解答欄に正しく書く

❺初めの一マスは空けない。

❻句読点や記号は原則一マス使う。

作文との違いに注意しよう。句読点などが行頭にきてもそのまま書くよ。

入試チャレンジテスト

国語

1 この冊子はテキスト本体からはぎとって使うことができます。

2 解答用紙は，この冊子の中心についています。
冊子の留め金から解答用紙をはずして，答えを記入することができます。

3 答えは，全て解答用紙の指定されたところに記入しましょう。

4 問題は，４問で９ページです。

5 時間をはかって，制限時間内に問題を解きましょう。

6 問題を解く際にメモをするときは，この冊子の余白を使いましょう。

7 「解答と解説」の 22 ページで，答え合わせをして得点を書きましょう。

1 次の文章を読んで、問題に答えなさい。〔長崎〕

私たち人間は、言語がたどってきた道のりや、その過程で生じたさまざまな変化をすべて背負った上で、日々ものを考えたり、感じたりしています。言語がなければ、自分の考えを他者に伝えたり、先人たちの教えを受け継ぐことも叶(かな)いません。

数百年前、数千年前の人が残した書物を読み解くには、当時の人々が用いていた文法や修辞表現を知り、現代の言葉へと置き換えて理解する必要がありますし、異国の書物を読み解くには、その国の言語や文化を少なからず学ぶ必要があります。

人類はそのようにして、古今東西の知恵を引き継ぎ、文明として[a]ハッテンさせてきました。

言語は、それを用いる個人の*1アイデンティティに大きな影響を及ぼします。たとえば、二〇一七年にノーベル文学賞を受賞した小説家、①カズオ・イシグロ（一九五四〜）は、日本人の両親をもつ日系イギリス人です。*2ルーツを見れば、イシグロは日本人ということになりますが、幼い頃からイギリスで育ち、彼の*3パーソナリティの大部分は英語文化圏で形成されていきました。そして英語で思考するカズオ・イシグロは、一九八二年に自らの意志で自分が生まれた日本の国籍を手放し、イギリス国籍を選択しました。つまり、彼は生まれた国ではなく、育った国（第一言語を得た国）を自らの母国としたのです。

イシグロの場合、日本からイギリスへ移住したのが幼少期（五歳）と早い時期であったこともあり、イギリスの文化を自らのアイデンティティとして享受することも難しくなかったのかもしれません。

一方で、大人になってから違う言語圏へ移住した人であっても、その土地の言語や文化によって自らのアイデンティティを揺さぶられることは少なくないようです。

あるアメリカ人は、日本でしばらく生活し、日本語に慣れ親しんだ頃にアメリカへ帰国したところ、「あなたは、イエス、ノーがはっきり言えない人になってしまったね」と友人たちに言われたそうです。日本文化に身を置き、日本語に親しむうちに、振る舞い方や考え方まで日本人的になってしまったというのです。

もちろん個人差はあるものですが、言語の与える影響というものは深く、人のアイデンティティの根幹にまで及ぶものなのです。

日本語を幼い頃から体に染(し)みこませて暮らしてきたということ。それは同時に、私たちが日本語の運命を過去から現在、そして未来へとつなぐ運び手の一部であることを意味します。

イギリスの進化生物学者であり動物行動学者でもある、クリントン・リチャード・ドーキンス（一九四一〜）は、一九七六年に著書『[b]利己的な遺伝子』の中で、「生物は遺伝子によって利用される〝乗り物〟に過ぎない」とする遺伝子中心視点を提唱し、世界に衝撃を与えました。この論考には私も驚きました。確かにそうかもしれない、自分の人生とは言っても、自分一人の運命を生きているのではないのかもしれない……と②目が開かれた思いがしたものです。

今になって、このドーキンスの論考を読み直してみると、これは長い歴史を経て受け継がれてきた③「言語」においても同じことが言えるのではないかと思えてきます。私たちは、自らの力で日本語を習得し、この言語を自在にアヤツって[c]生きているように思いこんでいますが、もしかすると「日本語を生かすため」にこの世に生きているだけなのかもしれません。この「人間＝言語の運び手論」に当てはめて考えると理解しやすいのが、*4アイヌ語です。

アイヌの言葉は、日本語とは異なる言語体系を有しており、語彙(ごい)も異なります。もちろん、日本語がアイヌ語に影響を及ぼした言葉もありますし、逆に稚内(わっかない)や登別(のぼりべつ)など、北海道の地名にはアイヌ語由来のものがたくさんあります。石狩川(いしかりがわ)という名称ひとつを取っても、「塞(ふさ)がる」という意味を表す「イシカリ」、「美しく・作る・川」を意味する「イシカラペツ」、「非常に曲がりくねった川」を指す「イシカラアペツ」など、その由来には諸説あるようです。

しかし、単語は別として、現代ではアイヌの言葉を母語とし、それに習熟している人は減少してしまいました。これは深刻な問題です。建物などの有形文化財であればしかるべき環境を整えれば保存できますが、言語の場合、それを使う人がいなくなれば、それがどのように話されていたかはわからなくなってしまいます。

別の言い方をすれば、「この土地で暮らしてきた人たちは、このような価値観や思想のもとに暮らしてきたのだ」ということも、言語からひもとけば知ることができます。現代では遺伝子情報から人物のルーツをある程度遡(さかのぼ)ることも可能となってきましたが、言語も親から子、子から孫へと脈々と受け継がれてきた④情報のバトンなのです。

言語を失えば、それを話す人々の生活や文化、そして伝統が消滅してしまうと言っても過言ではありません。その伝統を、この先も未来へと引き継いでいくことができるか。その運命は現代を生きる私たち日本人にかかっています。

〈齋藤孝(さいとうたかし)「日本語力で切り開く未来」による〉

*1 アイデンティティ…自己同一性。自分は確かに自分であるとの確信を持つこと。
*2 ルーツ…起源。祖先。ここでは出身地を指す。
*3 パーソナリティ…その人に固有の性格。個性。
*4 アイヌ…北海道とその周辺地域で生活を営んできた先住民族。

(1) ハッテン[a]　利己[b]　アヤツって[c]　について、漢字は読みを平仮名で書き、片仮名は漢字で書きなさい。

(2) ①カズオ・イシグロ　は、どのようなことを示すための具体例として挙げられていますか。次の［　］ⓐ・ⓑに当てはまる言葉を、［ⓐ］は文章中から五字で抜き出し、［ⓑ］は後から一つ選び、記号で答えなさい。

> 個人のアイデンティティは、［ⓐ］よりも、［ⓑ］に影響を受けるということ。

ア　幼いときに海外に移住するという体験
イ　自分自身のルーツに関わる人物の母語
ウ　パーソナリティの形成に関わった言語
エ　自分の意志で自由に国籍を選んだ経験

(3) ある の品詞名を次から一つ選び、記号で答えなさい。

ア 動詞　イ 名詞

ウ 副詞　エ 連体詞

(4) ②目が開かれた とありますが、「目が開かれる」と同様の意味を表す慣用的表現を次から一つ選び、記号で答えなさい。

ア 目から鱗(うろこ)が落ちる

イ 生き馬の目を抜く

ウ 目の色を変える

エ 目を皿にする

(5) ③「言語」においても同じことが言える とありますが、これについて説明した次の文の[　] ⓐ・ⓑに当てはまる言葉を、[ⓐ]は文章中から三字で抜き出し、[ⓑ]は文章中の言葉を使って、二十五字以内で書きなさい。

> 生物は[ⓐ]によって利用される〝乗り物〟に過ぎないということと同様に、[ⓑ]ということ。

(6) ④情報のバトン とは、何の、どのような役割を述べたものですか。文章中の言葉を使って、三十五字以内で書きなさい。

(7) この文章の内容や表現について説明したものとして、最も適切なものを次から一つ選び、記号で答えなさい。

ア 先人の知恵を学ぶ上での言語の重要性を、擬人法を用いてわかりやすく説明して、本文の導入としている。

イ 具体的な言語の存続の危機を取り上げて、読者に日本語の担(にな)い手としての自覚を持つよう促している。

ウ 言語とは異なる分野の科学者が言語について述べた文章を引用することで、考えを深める手がかりにしている。

エ 日本人とアメリカ人とを比較することで、言語による考え方に違いはないということを説明している。

2 主人公の「越(えつ)」は、両親と妹（「つぐみ」）の四人で、「つぐみ」の療養のために東京から山梨の山里へ移住した。一家は最初、その地になじめず、中学生の「越」も東京の高校に進学しようかと悩んでいた。しかし、次第(しだい)に人々との交流が始まり、「つぐみ」の健康も回復に向かっていた。次の文章は、夏の夜明け前、「越」が「つぐみ」に話しかける場面である。これを読んで、問題に答えなさい。

〔山口〕

「何やってんだ？」

つぶやいて、ガラス越しによく見ると、つぐみの前にアサガオの鉢がある。ぼくはガラス戸を静かに引いて、外に出た。つぐみは濡(ぬ)れ縁(えん)にじっと座ったまま動かなかった。*ピコが少しシッポをふったけど、つぐみを気づかうように、すぐに伏せをした。

「おい。何してんだ」

ぼくが、小声でつぐみの耳元にささやきかけると、つぐみはぼくのほうをむかず、アサガオのつぼみをただじっと見つめている。

「アサガオが、咲くの。どんなふうに咲くのか、見てるんだよ」

ぼくは黙りこんだ。つぐみは、息もころしているみたいに、微動だにせず、アサガオのつぼみを見つめている。

ぼくはそのつぐみの横顔を、じっと見つめた。それは、ぼくにとっては長い長い時間だったけど、本当の時間にすれば、たった三十秒ぐらいかもしれなかった。

そしてそれからもじっと動かずに、つぐみはひたすらアサガオのつぼみを見つめつづけた。

①ぼくは、そっと、つぐみの横に座りなおした。

盆地のむこう側に鎮座(a)する大きな黒い富士山の頂の左側が、きらりと光り、その光がゆっくりと時間をかけて少しずつふくらんだ。

やがて、光はいくつものスジ(b)に分かれ、山肌を這(は)いながら人間たちの住む町へと下りていった。②空は朱色(しゅいろ)と紫色のグラデーションに染まり、その色はしだいにあざやかに光をふくんでかがやきだす。

「寒くない？」と聞いた。

つぐみは、かすかに首を横にふった。目は何分も、きっと何十分も、アサガオのつぼみにむけられたまま。

飽きないのかな。ぼくは考えた。こんなに長いこと、小さなひとつの花のつぼみを見つめつづけるなんて、ぼくにはきっとできない。

③そのとき、気づいたんだ。

つぐみの中で、時間はこんなふうに流れていたんだ、って。

ぼくの、弱くて小さかった妹は、しっかりと自分の時間の流れを持って生きてきたのか。

アサガオは咲いた。一時間以上かけて、人間の目ではとうていわからない速度で、ゆっくりと、そしてしっかりと咲いた。

朝焼け色の花だった。

④「今日も暑くなりそうだな」

とうさんが、フキと油揚げのみそ汁をすすりながら、つぶやいた。

朝の食卓は、いつもと変わらない。

カッコウの声が聞こえる。
引っ越してから、朝、テレビを見なくなった。
山から届く音を聞きながら食べる朝ごはん。
つぐみも、早起きしていつもよりおなかがすいたのか、箸の動きが忙しい。
「あのさ、やっぱり、山梨の高校に行くことにした」
ぼくはとうさんとかあさんにむかっていった。
この青い空の下で、家族と生きていく。
開け放した扉のむこうで、アサガオの花が小さくゆれた。

〈森島いずみ「ずっと見つめていた」による〉

＊　ピコ…犬の名前。

(1)　次は、放という漢字を楷書体で書いたものです。黒ぬりのところは何画目になりますか。数字で答えなさい。

放

(2)　鎮座[a]　スジ[b]　について、漢字は読みを平仮名で書き、片仮名は漢字で書きなさい。

(3)　動か　と同じ活用形であるものを次から一つ選び、記号で答えなさい。

ア　参考として君の意見を聞きたい。
イ　明日はサッカーの練習に行こう。
ウ　博物館には二十分間歩けば着く。
エ　これから彼は友人に会うらしい。

(4)　[①]ぼくは、そっと、つぐみの横に座りなおした。とありますが、それはなぜですか。文章の内容に即して書きなさい。

(5)　[②]空は朱色と紫色のグラデーションに染まり、その色はしだいにあざやかに光をふくんでかがやきだす。とありますが、ここで表現されている色彩は、空以外のものを描いている部分でも表現を変えて使われています。その空以外のものが描かれている部分を、文章中から六字で抜き出しなさい。

(6)　[③]そのとき、気づいたんだ。とありますが、「ぼく」はどのようなことに気づいたのですか。それを説明した次の文の□に当てはまる言葉を、四十字以内で書きなさい。

アサガオと同じように、□ということ。

入試チャレンジテスト 国語

解答用紙

1

(1)		(2)		(3)	(4)	(5)		(6)	(7)
a	c	ⓐ	ⓑ			ⓐ	ⓑ		
	って								
b									

2

(1)	(2)	(3)	(4)	(5)	(6)	(7)
画目	a					
	b					

3

(1)		(2)	(3)	
1	2		ⓐ	ⓑ

4

(1)	(2)	(3)	(4)

(7) ④今日も暑くなりそうだな　とありますが、これ以降の文章における表現の特徴について説明したものとして、最も適切なものを次から一つ選び、記号で答えなさい。

ア　動植物が擬音語や擬態語を用いて生き生きと表現され、それによって山里の自然の豊かさが強調されている。

イ　対句表現や反復法が用いられることで文章にリズム感が生まれ、朝の活気ある忙しい様子が伝わってくる。

ウ　体言止めや簡潔な表現を用いて日常が描かれ、その中でふいに語られる主人公の決意が印象づけられている。

エ　それまでの主人公の視点の語りから客観的な語りに変わることで、朝食の場面への転換が表現されている。

3 次の文章は、松尾芭蕉の俳句とその解説文です。これを読んで、問題に答えなさい。〔岡山〕

古池や蛙①飛び込む水の音

ただの古い池ではありません。「古」は「故」に通じ、かつては人が住んでいたが、今は誰も住んでいない家の池のことです。そんな場所で、蛙が飛び込んだ音に耳を傾けている人物は、相当閑な人ですね。

単にすることがないというのではありません。心に悩み事や迷う事もない、落ち着いた心でないと、こんな状況は迎えられません。その心の静けさの中に聞こえてきたのが、蛙の水に飛び込む音だったのです。その音は、作者の雑念のない心によってすくい取られた音だったわけです。また、「古池」は一種の「死」の世界でもあるわけですが、そんなところにも生き物の命の躍動を聞き取ったとも言えるでしょう。

和歌・連歌では蛙は鳴き声を鑑賞するものでした。しかし、芭蕉の心は、この「蛙」に②新しい連想を見出したという意味でも、実は画期的であったわけです。

俳句を詠むようになると、時間の流れが違って感じられます。何分刻みの時間に追われる世界とは別のものです。

今日のように、電車や自動車や飛行機を使って、正確に人・モノを移動させる時代、学校や職場での時間は、数字に刻まれたそれです。しかし、休憩時間や日曜日、それに夏休みには、時計を忘れた「時間」が流れます。③俳句の「時間」とは、まさにそういうものです。

〈井上泰至「俳句のルール」による〉

(1) ①蛙 について、次の各問いに答えなさい。

1 「かはづ」を現代仮名遣いに直して書きなさい。

2 「蛙」のように、俳句で季節を表すために使われる言葉を何といいますか。漢字二字で書きなさい。

(2) ②新しい連想を見出した とありますが、「新しい連想」の説明として最も適切なものを次から一つ選び、記号で答えなさい。

ア 古池のそばで蛙の鳴く声を手がかりにして、蛙が跳ねる気配を察したこと。

イ 古池のそばで蛙の鳴く声を手がかりにして、人生のはかなさを悟ったこと。

ウ 蛙が古池に飛び込む音を手がかりにして、その命の躍動を感じ取ったこと。

エ 蛙が古池に飛び込む音を手がかりにして、寂れた池の存在に気付いたこと。

(3) ③俳句の「時間」 とありますが、これがどういうものかを説明した次の文の［　］ⓐ・ⓑに当てはまる言葉を、解説文中から［ⓐ］は七字、［ⓑ］は五字で抜き出しなさい。

正確さが求められる、学校や職場で流れるような[ⓐ]時間とは違い、芭蕉が[ⓑ]を保っていたような、思いのままに過ごす時間。

4 次の文章を読んで、問題に答えなさい。〔二〇二一年度埼玉〕

*1鎌倉中書王にて、御*2鞠ありけるに、雨降りて後、いまだ庭の乾かざりければ、いかがせんと沙汰ありけるに、佐々木隠岐入道、鋸の屑を車に積みて、多く奉りたりければ、一庭に敷かれて、泥土の①わづらひなかりけり。「とりためけん用意ありがたし。」と、②人感じあへりけり。

この事をある者の語り出でたりしに、吉田中納言の、「乾き砂子の用意やはなかりける。」と③のたまひたりしかば、はづかしかりき。いみじとおもひける鋸の屑、賤しく、異様の事なり。庭の儀を奉行する人、乾き砂子を設くるは、故実なりとぞ。

〈兼好法師「徒然草」による〉

*1 鎌倉中書王にて…宗尊親王のお住まいで。
*2 鞠…蹴鞠。革製の鞠を蹴る貴族の遊戯。

(1) ①わづらひなかりけり を現代仮名遣いに直して書きなさい。

(2) ②人感じあへりけり は「人々は感心しあった」という意味ですが、人々は佐々木隠岐入道のどのような行動に感心したのですか。次の□に当てはまる言葉を、十字以内で書きなさい。

□をしたこと。

(3) ③のたまひたり の主語を次から一つ選び、記号で答えなさい。

ア 佐々木隠岐入道　イ ある者
ウ 吉田中納言　エ 庭の儀を奉行する人

(4) この文章の内容について述べた文として、最も適切なものを次から一つ選び、記号で答えなさい。

ア 雨が降る前から庭に砂を敷いておいて、ぬかるみを防ぐ必要があるということ。
イ 庭を整備する者たちが車で道具を運ぶことは、下品な行いに見えるということ。
ウ 砂を庭にまいてぬかるみを乾かすためには、砂が大量に必要であるということ。
エ 庭のぬかるみに対して乾いた砂を敷くやり方が、元々の慣習であるということ。

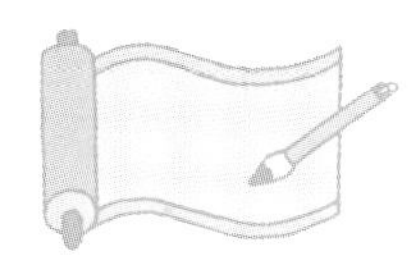

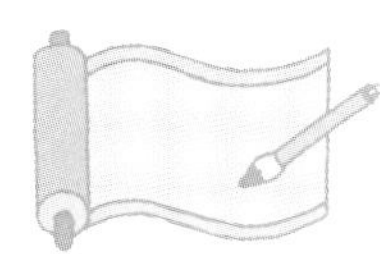

コーチと入試対策！

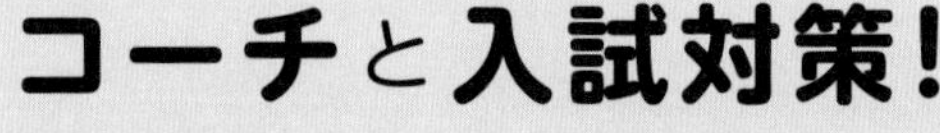

10日間 完成

中学3年間の総仕上げ

国語

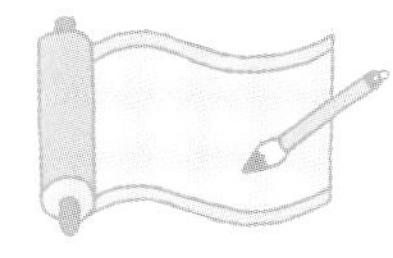

解答と解説

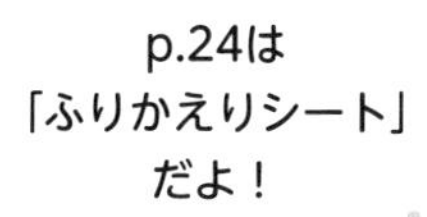

p.24は
「ふりかえりシート」
だよ！

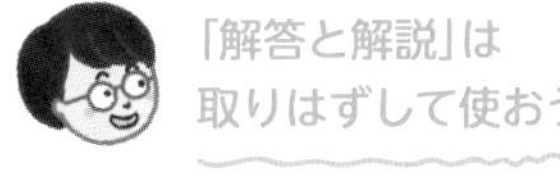

「解答と解説」は
取りはずして使おう！

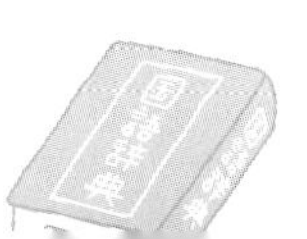

漢字

p.7

◇1 ①カ ②エ ③ク ④キ ⑤ウ ⑥イ ⑦ア ⑧オ

◇2 ①オ ②ウ ③ア ④イ ⑤エ ⑥オ ⑦ア ⑧カ ⑨ウ ⑩カ ⑪エ ⑫イ

◇1 部首の位置から、「へん」「つくり」「たれ」などのどれに当たるか確認しましょう。**ウ**の「おおざと」は「つくり」で、里や村に関係する意味を表します。

◇2 ②「頭が痛い」、⑤「初めての夢」、⑥「学校に入る」、⑨「雷が鳴る」、⑪「客の席」と考えましょう。

◇3 ①効 ②覚 ③暖 ④務

◇4 ①検討 ②支持 ③保健 ④障害 ⑤過程

◇3 文脈から、①は「効果」、②は「覚醒（かくせい）」という熟語を思い浮かべましょう。③気温についていう場合には「暖かい」を用います。

◇4 ①「検討」はよく考えること、②「支持」は賛同して後押しすること、④「障害」は妨げになるものです。

問題を解こう

p.8～9

1 ①「おおがい」は人の頭や顔に関係する意味を表します。③「こころ」は心の働きに関係する意味を表します。同じ意味を表す部首に「忄（りっしんべん）」や、「⺗（したごころ）」があります。⑥「くにがまえ」は囲いやまるい形に関係する意味を表します。

1 例にならって、次の漢字の部首を書きなさい。また、その部首名を下から一つずつ選び、記号で答えなさい。 2点×12（24点）

（部首・部首名）
例 結（糸・**カ**）
① 額（頁・エ）
② 疲（疒・ウ）
③ 怒（心・ク）
④ 机（木・イ）
⑤ 露（雨・キ）
⑥ 団（囗・ア）

ア くにがまえ **イ** きへん **ウ** やまいだれ **エ** おおがい **オ** えんにょう **カ** いとへん **キ** あめかんむり **ク** こころ **ケ** うかんむり

2 次の熟語と構成が同じものを後から一つずつ選び、記号で答えなさい。 3点×6（18点）

① 終始（ウ） **ア** 停止 **イ** 造船 **ウ** 貧富 **エ** 味覚
② 新築（イ） **ア** 保温 **イ** 国宝 **ウ** 燃焼 **エ** 善悪
③ 腹痛（ア） **ア** 骨折 **イ** 花束 **ウ** 投票 **エ** 昼夜
④ 非常（エ） **ア** 曲線 **イ** 送迎 **ウ** 測量 **エ** 無罪
⑤ 救助（イ） **ア** 未来 **イ** 温暖 **ウ** 花粉 **エ** 植樹
⑥ 預金（ウ） **ア** 樹木 **イ** 幼児 **ウ** 防災 **エ** 船出

3 次の（　）に当てはまる漢字を書きなさい。 2点×12（24点）

①
A 手順を（誤（あやま））り、実験は失敗してしまった。
B 迷惑（めいわく）をかけたことを、心から（謝（あやま））る。

②
A 姉に（薦（すす））められた小説を読む。
B 皆で協力して準備を（進（すす））める。
C 新入生に入部を（勧（すす））める。

③
A 事故に（遭（あ））ってけがをした。
B 久しぶりに祖母に（会（あ））えた。
C 彼とは昔から気が（合（あ））う。

2 ①「終↕始」、**ア**「停＝止」、**イ**「造る↑船を」、**ウ**「貧↕富」、**エ**「味の↓覚（感）」という構成です。
②「新しく↓築く」、**ア**「保つ↑温度を」、**イ**「国の↓宝」、**ウ**「燃＝焼」、**エ**「善↕悪」という構成です。
③「腹が↓痛い」、**ア**「骨が↓折れる」、**イ**「花の↓束」、**ウ**「投じる↑票を」、**エ**「昼↕夜」という構成です。
④「非（打ち消し）常」、**ア**「曲がった↓線」、**イ**「送↕迎」、**ウ**「測＝量」、**エ**「無（打ち消し）

4
①は「自由に出入りして利用できるようにすること」、②は「制限や束縛を解いて自由にさせること」という意味です。
③は「つり合っていること」、④は「目標・目的となるもの」、⑤は「違いがきわだつこと」という意味です。⑤の「照」という漢字には、突き合わせるという意味があります。
⑥は「不安や害がないように守る」、⑦は「間違いがないと受け合う」、⑧は「損害をお金などで償う」という意味です。⑥は「安全保障」、⑦は「品質保証」、⑧は「損害補償」などの言葉で覚えておきましょう。
⑨は「年月が経(た)っても価値が失われないこと」、⑩は「広く行き渡ること」という意味です。

④ A 敵の陣地に（攻(せ)）め込む。
B ミスを（責(せ)）められて落ち込む。
⑤ A （破(やぶ)）れたズボンを縫う。
B ライバルに僅差で（敗(やぶ)）れる。

4 次の——線の片仮名を漢字で書きなさい。 2点×10（20点）
① 市民にグラウンドをカイホウする。（開放）
② 奴隷(どれい)のカイホウに尽力する。（解放）
③ この図形は左右タイショウだ。（対称）
④ 中学生をタイショウとするイベント。（対象）
⑤ 妹は僕とはタイショウ的な性格だ。（対照）
⑥ 憲法でホショウされた権利。（保障）
⑦ 彼女の才能は私がホショウする。（保証）
⑧ 地震による損害をホショウする。（補償）
⑨ 『源氏物語(げんじものがたり)』はフキュウの名作だ。（不朽）
⑩ 携帯電話がフキュウする。（普及）

5 次の——線の漢字の読みを平仮名で書きなさい。 1点×7（7点）
① 事情はだいたい把握できた。（はあく）
② お気に入りの店を頻繁に訪れる。（ひんぱん）
③ 投稿した俳句が新聞に掲載される。（けいさい）
④ 若者に国の将来を委ねる。（ゆだ）ねる
⑤ 希望していた研究職に就く。（つ）く
⑥ これまでの人生を顧みる。（かえり）みる
⑦ 後輩の指導に時間を割く。（さ）く

6 次の——線の片仮名を漢字で書きなさい。 1点×7（7点）
① 内容をカンケツにまとめる。（簡潔）
② センモン家に相談する。（専門）
③ フクザツな事情がある。（複雑）
④ 学校までオウフク三十分かかる。（往復）
⑤ アヤツり人形を使って劇をする。（操）り
⑥ 群れをヒキいるリーダー。（率）いる
⑦ 商店をイトナむ。（営）む

5
①の「把握」は、「しっかりつかみ、とらえること」という意味です。②の「頻繁」は「たびたびであること」という意味です。⑥の「顧みる」は「過去をふり返る。気にかける」という意味です。同訓異字の「省みる」（反省する、の意）と区別しましょう。⑦の「割く」は「一部を分けてある目的に使う」という意味です。

6
②「専門」の「門」を「問」としないように気をつけましょう。
③「複雑」の「複」を④の「往復」の「復」と間違えないように気をつけましょう。
⑥「率」を形の似た「卒」と間違えないように気をつけましょう。送り仮名にも注意が必要です。
⑦「営む」は「営業する」という意味です。

罪」という構成です。
⑤「救＝助」、**ア**「未(打ち消し)来」、**イ**「温＝暖」、**ウ**「花(の)↓粉」、**エ**「植(える)↑樹(を)」という構成です。
⑥「預(ける)↑金(を)」、**ア**「樹＝木」、**イ**「幼(い)↓児」、**ウ**「防(ぐ)↑災(わざわいを)」、**エ**「船(が)出(る)」という構成です。

3
それぞれ熟語を思い浮かべて文脈に合う漢字を書きましょう。次のような熟語を思い浮かべるとよいでしょう。
① **A**「誤字」 **B**「謝罪」
② **A**「推薦(すいせん)」 **B**「進行」
C「勧誘」
③ **A**「遭難」 **B**「再会」
C「合意」
④ **A**「攻撃」 **B**「叱責」
⑤ **A**「破損」 **B**「敗退」

p.11

◇1 ①節 ②欠 ③希 ④安 ⑤値

◇2 ①イ ②ア ③イ ④ウ ⑤ア

◇1 ①「倹約(けんやく)」は、むだを省き切り詰めるという意味です。②「短所」も「欠点」も悪いところという意味です。

◇2 ②**ア**「理性」は、感情に左右されずに考えたり判断したりする能力のことです。④「過去」の対義語には「現在」もあります。

◇3 ①左 ②晩 ③日 ④得

◇4 ①ウ ②エ ③イ ④ア

◇5 ①ウ ②ア ③エ ④イ

◇3 ①はうろたえてあちこちへ行くこと、②は、偉大な人物は世に出るまでに時間がかかるということ、③は絶え間なくどんどん進歩すること、④は自分の行いの報いを自分が受けることです。④は「身から出たさび」ということわざと同じ意味です。

問題を解こう

p.12～13

1 ②「互角」は互いの力量に優劣がないという意味です。他の類義語として「伯仲」があります。

2 ①「原料」の対義語は「製品」です。③「永遠」の対義語は「一瞬」「瞬間」などです。

3 ①「慎重」の「重」は「チョウ」と読みます。②「需要」はある商品を買おうとする欲求で、「供給」は商品を市場

1 次の言葉の類義語を後から一つずつ選び、漢字に直して書きなさい。 2点×4（8点）

① 同意（賛成）
② 互角（対等）
③ 方法（手段）
④ 落胆（失望）

サンセイ　シュダン　シツボウ　タイトウ

2 次の言葉の類義語になるように、□に当てはまる漢字を書きなさい。 2点×3（6点）

① 原料＝□料（材）
② 天気＝天□（候）
③ 永遠＝永□（久）

3 次の言葉の対義語になるように、□に当てはまる漢字を後から選んで書きなさい。 2点×4（8点）

① 軽率↕慎□（重）
② 需要↕□給（供）
③ 攻撃↕□備（守）
④ 原因↕結□（果）

長　果　供　重　守

4 次の言葉の対義語を、例にならって打ち消しの漢字を一字使って書きなさい。 2点×4（8点）

例 決定↕（未定）
① 便利↕（不便）
② 熟練↕（未熟）
③ 有名↕（無名）
④ 平凡↕（非凡）

5 次の（　）に当てはまる漢数字を書き、四字熟語を完成させなさい。 完答4点×6（24点）

①（一）日（千）秋 意味 今か今かと待ち遠しく思うこと。
②（十）人（十）色 意味 一人一人、好みや考え方が異なること。
③（千）差（万）別 意味 いろいろなものがそれぞれ違っていること。
④（七）転（八）倒 意味 苦痛などでもがき苦しみ、転げ回ること。
⑤（一）石（二）鳥 意味 一つの行動で二つの目的を達成すること。
⑥ 再（三）再（四） 意味 何度も何度も。

4 打ち消しの漢字には、「不」「非」「無」「未」があります。

5 ①「いちじつ（いちにち）せんしゅう」と読みます。一日が千回の秋、つまり千年くらい長く感じるという意味です。②「じゅうにんといろ」と読みます。③「せんさばんべつ」と読みます。⑤一つの石を投げて二羽

に出すことです。

6

参考 体の一部を用いた慣用句

目・目からうろこが落ちる
・目に余る
・目を配る
・目が肥える　など

腕・腕によりをかける
・腕を振るう　など

足・足が出る
・足を洗う
・足を棒にする　など

首・首をかしげる
・首を突っ込む　など

頭・頭が上がらない
・頭を抱える　など

口・口が堅い↔口が軽い
・口が滑る　など

胸・胸をなで下ろす
・胸がつぶれる　など

手・手を抜く
・手を焼く
・手に負えない　など

---

6 次の（　）に当てはまる漢字を後から選んで書き、慣用句を完成させなさい。 2点×6（12点）

①（水）に流す　意味 過去のもめごとなどをなかったことにする。
②（目）が高い　意味 価値のあるものを見分ける力がある。
③（腕）を磨く　意味 技術や能力を高めるために訓練する。
④揚げ（足）を取る　意味 人のちょっとした言い間違いなどを取り上げて責める。
⑤（根）に持つ　意味 ずっと恨みに思って忘れない。
⑥（首）を長くする　意味 今か今かと期待して待ち望む。

頭　目　口　首　胸　腕　手　足　水　竹　根

7 次の□に共通して当てはまる体の一部を表す言葉を、漢字一字で書きなさい。 4点×2（8点）

① □であしらう　意味 相手にせず、冷たい態度を取る。
□を明かす　意味 相手を出し抜いて驚かせる。
□にかける　意味 自慢する。　（鼻）

② □を立てる　意味 体面を保てるようにする。
□から火が出る　意味 恥ずかしくて真っ赤になる。
□が広い　意味 知り合いが多い。　（顔）

8 次のことわざの意味を後から一つずつ選び、記号で答えなさい 2点×5（10点）

① どんぐりの背比べ（イ）
② 石の上にも三年（エ）
③ 月とすっぽん（ウ）
④ ちりも積もれば山となる（オ）
⑤ 情けは人のためならず（ア）

ア 人に親切にすれば、いつか自分に返ってくること。
イ どれも平凡で、特に優れたものがないこと。
ウ 二つのものが全く似ておらず、かけ離れていること。
エ つらくても辛抱してやり続ければ、必ず成功すること。
オ 僅かなものでも数多く集まれば、大きなものになること。

9 次の文の□に当てはまる言葉を後から一つずつ選び、記号で答えなさい。 4点×4（16点）

① 一部リーグ残留をかけて□の気持ちで試合に臨む。（イ）
② 助けを必要とする人が多くて、私一人の支援では□だ。（エ）
③ 僕も彼も数学は大の苦手で、二人の成績はいつも□だ。（ア）
④ 絵に興味のない弟の部屋に、あんなすてきな絵を飾るなんて□だ。（ウ）

ア 五十歩百歩　イ 背水の陣
ウ 猫に小判　エ 焼け石に水

7

①「鼻」を用いた慣用句は他に、「鼻を高くする」「鼻で笑う」「鼻につく」などがあります。

②「顔」を用いた慣用句は他に、「顔に泥を塗る」「顔を出す」「顔を売る」などがあります。

9

①「背水の陣」は、絶体絶命の状況で全力を尽くすことを表す故事成語です。

②「焼け石に水」は、努力や援助が少なくて役に立たないことを表すことわざです。

③「五十歩百歩」は故事成語で、多少は違っても本質的には同じ、という意味です。

④「猫に小判」は、貴重なものも価値のわからない人には何の役にも立たない、という意味のことわざです。

の鳥を落とすという意味からできた言葉です。

8

①どんぐりは大きさや形がどれも同じくらいで、背比べをしても優劣をつけられないことから生まれた言葉です。

②冷たい石の上でも三年座っていれば温まることから生まれた言葉です。

③すっぽんは甲羅が丸くて形が月と似ているけれど、比べものにならないほど違うことから生まれた言葉です。

④少しのことでもおろそかにしてはいけないという教えを含むことわざです。

⑤情けをかけるのは結局その人のためにはならない、という意味で使うのは誤用です。

3日目 文法①

p.15

◆1 ①駅まで／自転車で／五分／かかる。
②近くの／小川には／蛍が／いる。
③昨日／買った／本を／読もう。
④あの／木まで／走ろうよ。
⑤明日は／ピアノ教室に／行く。

◆2 ①主語＝妹が　述語＝遊ぶ
②主語＝母は　述語＝医者です
③主語＝客間は　述語＝広い

◆3 ①チューリップが　②行く
③速く　④見た

◆4 ①ア　②エ　③ウ　④イ　⑤オ

◆5 ①カ　②ク　③エ　④オ　⑤ア
⑥キ　⑦ウ　⑧イ

◆1 ⑤「ピアノね教室にね」とすると不自然なので、「ピアノ教室」は一つの単語です。

◆2 主語は「何が」「誰が」、述語は「どうする」「どんなだ」「何だ」「ある・いる」などに当たる文節です。

◆3 修飾語と修飾される文節は、続けて読むと意味がつながります。

◆4 ②は、前の文が後の文の理由であることを表す接続語です。
⑤は呼びかけの言葉で、他の文節とは関係をもちません。

問題を解こう

p.16～17

1 ②の「ジョギングする」は、「ジョギングをする」という意味の複合語です。「ジョギング」と「する」に分けないように気をつけましょう。④の「プチトマト」も一語です。

2 自立語は、一つの文節に一つだけです。①は、文末の「いる」が自立語なので、「いる」の前で区切ります。同様に、③も「ほしい」の前で区切

1 次の文は、いくつの文節からできていますか。算用数字で答えなさい。　2点×5（10点）
① 散歩の途中で公園のベンチに座る。（5）
② 私は毎晩三十分ジョギングする。（4）
③ 明日晴れたら川で釣りをしようね。（5）
④ 母がベランダで育てたプチトマトを食べる。（5）
⑤ 雲の隙間から日が差してとてもきれいだ。（6）

2 正しく文節に区切っているものを一つずつ選び、記号で答えなさい。　2点×3（6点）
① ア 弟が／日記を／書いて／いる。
イ 弟が／日記を／書いている。（ア）
② ア テレビを／見て／笑い／続ける。
イ テレビを／見て／笑い続ける。（イ）
③ ア 新しい／靴を／買って／ほしい。
イ 新しい／靴を／買ってほしい。（ア）

「て」の後で文節が区切れるよ。

3 次の文を、㊎にならって単語に区切りなさい。　2点×3（6点）
㊎ 東|の|空|に|月|が|昇る。
① 入り口|で|手|に|消毒液|を|塗る。
② メダカ|の|赤ちゃん|が|生まれる。
③ 今日|は|二|時間|勉強|する|ぞ。

4 正しく単語に区切っているものを一つずつ選び、記号で答えなさい。　2点×3（6点）
① ア 部屋|に|バラ|の|花|を|飾っ|た。
イ 部屋|に|バラ|の|花|を|飾った。（ア）
② ア 友達|に|手紙|を|書こ|う|と|思う。
イ 友達|に|手紙|を|書こう|と|思う。（ア）
③ ア 大切|な|ところ|を|書き|抜く。
イ 大切な|ところ|を|書き抜く。（イ）

5 次の――線の文節は、文の成分としては何に当たりますか。後から一つずつ選び、記号で答えなさい。　2点×12（24点）
① 僕は(a)バスを乗り継いで、(b)祖母の(c)家に行った。　a（ア）b（ウ）c（イ）
② (a)雨ならば、(b)明日の遠足は(c)中止だ。　a（エ）b（ア）c（イ）
③ (a)さあ、(b)そろそろ(c)練習を始めるよ。　a（オ）b（ウ）c（イ）
④ (a)妹が、(b)公園で(c)友達と ブランコに乗る。　a（ア）b（ウ）c（ウ）

ア 主語　イ 述語　ウ 修飾語
エ 接続語　オ 独立語

4 ①「飾った」は「飾っ」と「た」に分けられます。②「書こう」は「書こ」と「う」に分けられます。③「書き抜く」は複合語なので一つの単語です。

5 ①b「祖母の」は「家に」を修飾しています。②a「雨ならば」は条件を表す接続語です。③a「さあ」は呼びかけの独立語です。④b・cはどちらも「乗る」を修飾しています。

ります。②の「笑い続ける」は複合語です。

3
①「で」「に」「を」も一つの単語（助詞）です。
②「の」「が」も一つの単語です。
③「二時間」は「二」と「時間」に分けません。

6
①主語「何が」、述語「ある」の関係です。
②「テーブルの」が「上に」を詳しく説明しています。
③「だけど」は接続語です。
④「とても」はどれくらい「暑い」のかを詳しく説明しています。
⑤「暑いので」は接続語で、「つけた」の理由を表しています。

6 次の――線の文節どうしの関係を後から一つずつ選び、記号で答えなさい。 2点×5（10点）
① テーブルの 上に コップが ある。（ア）
② テーブルの 上に コップが ある。（イ）
③ 駅まで 走った。だけど 乗り遅れた。（ウ）
④ とても 暑いので、クーラーを つけた。（イ）
⑤ とても 暑いので、クーラーを つけた。（ウ）
ア 主・述の関係（主語と述語の関係）
イ 修飾・被修飾の関係（修飾する語と修飾される語との関係）
ウ 接続の関係（接続語とその後の語との関係）

7 次の①・②の――線の文節どうしの関係と異なる関係のものを一つずつ選び、記号で答えなさい。 3点×2（6点）
① （ア）
ア 猫が 日なたで 眠って いる。
イ 窓の 外に 鳥が いる。
ウ 玄関に 荷物が 置いて ある。
エ 兄が 勉強を 教えて くれた。

① 猫が 日なたで 眠って いる。（ア）
ア 窓の 外に 鳥が いる。
イ 玄関に 荷物が 置いて ある。
ウ 兄が 勉強を 教えて くれた。
② おはしと お皿を 並べる。（イ）
ア 公園に 花や 木が 植えられる。
イ 電話で 店の 人と 話す。
ウ このかばんは 大きくて 丈夫だ。

①のように、後の文節が意味を補っている関係を「補助の関係」というよ。

「おはし」と「お皿」が対等に並んでいる②のような関係を、「並立の関係」というよ。

8 次の――線の単語から活用する自立語を三つ選び、記号で答えなさい。また、それぞれの品詞名を書きなさい。 完答4点×3（12点）
・私は、ア楽しいことがあったイ日には日記をウつける。今日も、エ親戚がオ集まってにぎやかに食事をカしたことを、キ書こうと思う。
記号（ア）品詞名（形容詞）
記号（ウ）品詞名（動詞）
記号（オ）品詞名（形容動詞）

9 次の文から、付属語を全て抜き出しなさい。 （完答4点）
・姉は、いろんな色のペンを持っています。
（は の を て ます）

10 次の――線の単語の品詞名を後から一つずつ選び、記号で答えなさい。 2点×8（16点）
・僕は、将来小学校の①先生に②なり③たい。しかし、小学校の先生は④あらゆる教科を教えなければならない。理科の苦手な⑤僕にできるだろうか。⑥いや、何もせずに⑦悩むより、⑧とにかく頑張ってみよう。
①（ア） ②（コ） ③（エ） ④（ウ）
⑤（ク） ⑥（オ） ⑦（ケ） ⑧（イ）
ア 名詞　イ 副詞　ウ 連体詞　エ 接続詞
オ 感動詞　カ 動詞　キ 形容詞　ク 形容動詞
ケ 助詞　コ 助動詞

8
自立語は、必ず文節の最初にあります。そのうち活用するものを探すと、**ア**「楽しい」は「楽しく（ない）」、**ウ**「つける」は「つけれ（ば）」、**オ**「にぎやかに」は「にぎやかな（場所）」などと活用します。言い切りの形から、品詞を判断しましょう。

9
付属語は、常に自立語と共に文節を作ります。設問の文を文節に分けると「姉は、／いろんな／色の／ペンを／持って／います。」となり、――部が自立語で、――部が付属語です。「いろんな」は連体詞で、一語で文節を作っているため、この文節には付属語はありません。

7
①**ア**の「いる」は「存在する」という意味で、「鳥が」とは主・述の関係です。他は、後の文節の言葉の本来の意味が薄れて、前の文節の意味を補っています。
②**ア**は「花」と「木」、**ウ**は「大きい」と「丈夫だ」が対等に並んでいて、「木や花が」、「丈夫で大きい」のように、入れかえても意味が変わりません。

10
重要 まず、自立語か付属語か、活用するかしないかを見分けましょう。

	活用しない	活用する
自立語	①・③・④・⑥・⑧	⑤
付属語	⑦	②

④「あらゆる」は体言を、⑧「とにかく」は用言を修飾しています。

文法②

p.19

①
動詞＝ア・ウ・エ
形容詞＝カ・キ・ク
形容動詞＝イ・オ

②
①ウ　②オ　③イ　④ア　⑤カ
⑥エ　⑦カ　⑧イ　⑨エ　⑩ウ
⑪ア　⑫オ

① 動詞は言い切りの形がウ段、形容詞は「い」、形容動詞は「だ・です」になります。

② ②・⑫「ば」に続くのは仮定形、③・⑧「て」「た」に続くのは連用形、④・⑪「ない」「う」に続くのは未然形です。

③
①ア　②イ　③エ　④ウ　⑤オ
⑥イ　⑦ウ　⑧ア

④
①未然(形)・イ　②仮定(形)・ア
③連用(形)・ア　④連体(形)・イ

⑤
助詞＝ア・イ・ウ・カ・キ・ク
助動詞＝エ・オ・ケ

③ 「来る」と「する・〜する」以外は、「ない」を付けて確かめます。

⑤ **エ**は「らしくて」、**オ**は「見たければ」と活用します。**ケ**「よう」は形の変わらない助動詞です。

問題を解こう

p.20〜21

1 「ない」を付けて直前の音がア段なら五段活用、イ段なら上一段活用、エ段なら下一段活用です。①は「降りない」、③は「集まらない」、⑤は「集めない」となります。③の基本形は「集まる」、⑤の基本形は「集める」で、別の動詞です。

2 ①「痛かっ」が形容詞「痛い」の連用形です。
②「明るく」が形容詞「明

1 次の——線の動詞の活用の種類と活用形を答えなさい。 2点×10（20点）

① 危ないから、ゆっくり降りろ。（上一段　活用）（命令　形）
② この学校に合格することが私の目標だ。（サ行変格　活用）（連体　形）
③ 午後四時に部室に集まろう。（五段　活用）（未然　形）
④ ここまで来れば、海が見える。（カ行変格　活用）（仮定　形）
⑤ 僕の学校ではベルマークを集めている。（下一段　活用）（連用　形）

2 次の文から、［　］で示した品詞を一つずつ抜き出し、終止形に直して書きなさい。 3点×4（12点）

① ぶつけた小指がとても痛かった。［形容詞］（痛い）
② 街灯が設置されて、夜も明るくなった。［形容詞］（明るい）
③ スマートフォンは便利な道具だ。［形容動詞］（便利だ）
④ 心配なら電話をして確かめなさい。［形容動詞］（心配だ）

3 次の（　）に当てはまるように、［　］内の用言を正しく活用させて書きなさい。（⑤は平仮名で書くこと。） 2点×10（20点）

① 暖房をつけたので、もう（寒く）ない。［寒い］
② 暑いので、窓を（開け）てください。［開ける］
③ 自然が（豊かな）北海道に行ってみたい。［豊かだ］
④ （暗けれ）ば、自転車のライトをつけなさい。［暗い］
⑤ 朝八時までに会場に（き）てください。［来る］
⑥ 授業で（書い）た作文を、皆の前で読む。［書く］
⑦ 風がやみ、波も（おだやかに）なってきた。［おだやかだ］
⑧ 新種の昆虫（こんちゅう）が愛好家によって（発見さ）れた［発見する］
⑨ 「しっかり前を（見ろ(見よ)）。」と注意される。［見る］
⑩ もう遅いから、そろそろ（帰ろ）う。［帰る］

3 続く言葉に注意して、どの活用形にするかを判断しましょう。
①動詞の場合、「ない」に続くのは未然形ですが、形容詞や形容動詞の場合、「ない」に続くのは連用形です。
③体言「北海道」に続いているので連体形にします。
⑥ 注意 「た」に続いているので連用形にしますが、「書き（た）」ではなく、「書い（た）」

るい」の連用形です。

③「便利な」が形容動詞「便利だ」の連体形です。

④「心配なら」が形容動詞「心配だ」の仮定形です。

4

①「アメリカ」は特定の地名を表します。

②「あちら」は場所などを指し示しています。

④「八時」のように数字を含む名詞は数詞です。

⑤「時間」という本来の意味が薄れています。

5

イは「場所」という本来の意味を表していますが、**ア**は前に「始まった」という連体修飾語が付いていて、「ところ」の本来の意味が薄れています。

4 次の名詞の種類を後から一つずつ選び、記号で答えなさい。 2点×5（10点）

① アメリカ（ウ）
② あちら（イ）
③ かばん（ア）
④ 八時（エ）
⑤ （歩く）とき（オ）

ア 普通名詞　**イ** 代名詞
ウ 固有名詞　**エ** 数詞
オ 形式名詞

それぞれの名詞の性質を覚えよう。

普通名詞…一般的な物事の名前。
代名詞……人や場所などを指し示す。
固有名詞…人名・地名など、特定の物事の名前。
数詞………物の数や順序を表す。
形式名詞…本来の意味が薄れ、前に連体修飾語が付く。

5 次の――線の名詞のうち、形式名詞はどちらですか。記号で答えなさい。 （3点）

ア 話し合いは今始まったところだ。
イ ここは雪がたくさん降るところだ。
（ア）

6 次の（　）に当てはまる副詞を、後から一つずつ選んで書きなさい。 2点×4（8点）

①（もし）失敗したらどうしよう。
②（決して）誰にも言わないでください。
③ 妹の真っ赤な頬は（まるで）りんごのようだ。
④（たぶん）反対する人は少ないだろう。

まるで　決して　もし　たぶん

7 次の――線の助動詞が表している意味を後から一つずつ選び、記号で答えなさい。 3点×7（21点）

① 今年はまだつばめを見ていない。（ウ）
② 留学して英語の勉強をしたい。（エ）
③ 明日から夏休みが始まります。（キ）
④ 弟に漢字を練習させる。（イ）
⑤ これは私のお気に入りの靴だ。（オ）
⑥ 帰ったら小説の続きを読もう。（カ）
⑦ 相手チームにボールを奪われる。（ア）

ア 受け身　**イ** 使役　**ウ** 否定（打ち消し）
エ 希望　**オ** 断定　**カ** 意志
キ 丁寧

受け身は「（○○に）～される」、使役は「（○○に）～させる」という意味です。

8 次の――線の助詞と同じ意味・用法のものを後から一つずつ選び、記号で答えなさい。 3点×2（6点）

① 食事を終えると、僕はテレビをつけた。（ウ）
ア ピザとジュースを注文した。
イ 友達と映画を見に行く。
ウ 外へ出ると、突然雨が降ってきた。

② 君が呼んだから来たんだよ。（イ）
ア この辺りは、昔から陶芸が盛んだ。
イ この魚は新鮮だからおいしい。
ウ 豆腐は大豆から作られる。

6 参考 副詞の呼応

副詞	呼応する表現
決して めったに とうてい 少しも	～ない（否定（打ち消し））
もし たとえ	～なら ～ても（仮定）
たぶん きっと まさか	～だろう（推量） ～ないだろう（否定（打ち消し）の推量）
まるで	～ようだ ～みたいだ（たとえ）

と音が変わります。他にも「作った」「編んだ」などと、音が変わることがあり、これを**音便**といいます。

7

重要 助動詞は、さまざまな意味を付け加えます。

①「ない」は直前の語を打ち消しています。

②「たい」は自分の希望を表します。

③「ます」は丁寧な言い方をするときに用います。

④「せる」は「～させる」という使役の意味を表します。

⑤「だ」は「～である」という断定の意味を表します。

⑥「う」は「～しよう」という意志の意味を表します。

⑦「～される」という受け身の意味を表します。

8

①の文と**ウ**の「と」は、前後をつなぐ役割をする接続助詞です。**ア**は「ピザ」と「ジュース」が並立の関係であることを表し、**イ**は映画を見に行く相手を表しています。

②の文と**イ**の「から」は、理由を表す接続助詞です。**ア**は「いつから」という起点を表し、**ウ**は材料を表しています。

説明的文章①

例題 p.22

(1) ウ
(2) サンゴの体組織自体の色

(1) □の前は、「さまざまな色のバリエーション」、後は「完全な白色」と、前後が逆の内容になっています。

(2) 何が「消えて完全な白色になる」のかを、前の部分から探します。残っていた「サンゴの体組織自体の色」も消えて白色になってしまうのです。

p.23

(1) （知ったつもりになっても、）実は知らないこと
(2) イ
(3) 6（段落）

(1) 指示する語句より前の部分から、謙虚になれば見えてくるものは何かを探します。

(3) 「そのとき」とは、6段落の内容全体を指しています。〝自分の原稿の不十分なところをデスクに指摘されて突き返されたとき〟のことです。

問題を解こう p.24～25

(1) 「その人」は、すぐ前の「そう考えた人」のことです。この「そう」は直前の「これは儲（もう）けた。……食べよう」を指しています。よって、「その人」＝「『これは儲けた。ダイコンが大きくなったらおいしく食べよう』と考えた人」です。このまま答えても、この内容を短くまとめても、どちらでも正解です。

● 次の文章を読んで、問題に答えなさい。

ど根性*ダイコンが、家の花壇にたくさん生えてきたと考えてみよう。

「せっかく手入れをしていた草花が、勝手に生えてきたダイコンのせいで生育が悪くなってしまう。ダイコンが大きくなる前に抜いてしまおう」

草花を大切にしていた人にとって、勝手に生えてきたダイコンは、やっかいな雑草である。

ところが、こんな考え方をする人もいる。「これは儲（もう）けた。ダイコンが大きくなったらおいしく食べよう」そう考えた人にとっては、ダイコンは雑草とはいえない。①その人はダイコンを野菜だと見ているのである。

もう、おわかりだろう。

じつは、②「雑草」というのは植物学的な分類ではない。見る人によって、雑草だったり、雑草ではなかったりするのである。

雑草とは、何か？

雑草は、「望まれないところに生える植物である」と定義されている。(6)イ つまりは邪魔者である。人間に邪魔者扱いされたときに、その「植物」は「雑草」となるのである。

(6)ア 同じように「作物」や「野菜」という言葉も、あくまでも人間から見たときの分類である。(6)イ 食用などで役に立って初めて「作物」や「野菜」と呼ばれるのである。

(4)ダイコンの例

* ど根性ダイコン…アスファルトなどを破って道ばたで勝手に育った大根が、ニュースなどで話題になったときの呼び名。

(1) ①その人 とは、どのような人を指していますか。「ダイコンが花壇に生えてきたときに、……」に続くように、（　）に当てはまる言葉を書きなさい。（15点）

ダイコンが花壇に生えてきたときに、

（例）（「これは儲けた。ダイコンが大きくなったらおいしく食べよう」と考えた人。）

(2) ②「雑草」というのは植物学的な分類ではない とありますが、「雑草」はどのような植物として定義されていますか。文章中から十五字以内で抜き出しなさい。（10点）

望	ま	れ	な	い	と	こ	ろ	に	生
え	る	植	物						

(3) □A～Cに当てはまる接続する語句を次から一つずつ選び記号で答えなさい。10点×3（30点）

ア しかし　イ また　ウ すると
エ なぜなら　オ つまり　カ たとえば

(3) A 空欄前の二段落で、「雑草」と、「作物」や「野菜」の定義が示され、その直後に「ヨモギ」という具体的な植物を挙げて「雑草」の側面を説明しているので、説明・補足のカ「たとえば」が適切です。

B 空欄の前では「やっかいな雑草」とありますが、後では「草餅の原料として欠かせない」と逆の内容なので、逆接のア「しかし」が

(2)

——線②の二つ後の段落に「雑草は、……と定義されている。」と、定義が示されています。この部分から十五字以内で適切な内容を抜き出します。

(5)

——線④の直前に「だから」という順接の接続する語句があるので、これより前に理由が書かれていることがわかります。前の二文の内容をまとめましょう。

⬇ 記述問題ワンポイント

［A］、［ヨモギ］(4)は畑のやっかいな雑草である。［C］、お灸の原料ともなる。［B］、ヨモギは草餅の原料として欠かせない。ヨモギはけっして雑草ではない。役に立つ有用な植物である。

あるいは、［セリ］(4)という植物は、米を作っている農家にとっては、イネの生育を邪魔する田んぼの雑草である。ところが、セリは野菜としても食べられるので、セリを栽培している田んぼもある。セリを栽培している田んぼで、勝手に［イネ］(4)が生えてきてしまったとしたら、抜かれるのは、セリではなく、イネの方だろう。

(4)ヨモギの例　(4)セリ、イネの例

③同じ植物でも、見る人によって雑草だったり、雑草ではなかったりする。

しかし、それでは私が「雑草のことを勉強している」と言っているその内容は何だったのか、ということになるし、そもそもこの本のタイトルである「都会の雑草」というテーマそのものが成り立たなくなってしまいそうだ。

ふつうに考えれば、ダ(5)イコンが花壇で増えて困ってしまうということは、あまり起こらない。ど根性ダイコンのような特殊な例はあるものの、ダ(5)イコンは野菜として振る舞っていることが圧倒的に多い。［だから］、④ダイコンは学問的には野菜として扱われているのである。

同じように、道ばたや畑に勝手に生える植物の種類も決まっている。こういうふうに雑(6)エ草扱いされることの多い植物が、植物学では一般的には「雑草」として扱われているのである。

〈稲垣栄洋（いながきひでひろ）「都会の雑草、発見と楽しみ方」による〉

A（カ）B（ア）C（イ）

(4) ③同じ植物でも、見る人によって雑草だったり、雑草ではなかったりする。とありますが、筆者はこのような植物の例をいくつ挙げていますか。漢数字で答えなさい。(10点)

（四）つ

(5) ④ダイコンは学問的には野菜として扱われている　とありますがそれはなぜですか。文章中の言葉を使って書きなさい。(15点)

例（ダイコンは花壇で増えることがあまりなく、野菜として振る舞っていることが圧倒的に多いから。）

(6) 文章の内容と合っているものを次から一つ選び、記号で答えなさい。(20点)

ア　「雑草」は植物学的な分類ではないが、×「野菜」は植物学的な分類である。

イ　人間の役に立たない「野菜」があるように、×人間に役立つ「雑草」もある。

ウ　「雑草」は見る人によって違っているので、×研究の対象にはならない。

エ　植物学では、雑草扱いされることの多い植物を「雑草」と呼んでいる。

（エ）

---

(6)

最終文の「雑草扱いされることの多い植物が、植物学では一般的には『雑草』として扱われている」の部分が**エ**と合っています。このことから「雑草」が研究の対象として成り立つのです。

適切です。

C　空欄の前には「草餅の原料」、後には「お灸（きゅう）の原料」とあり、同様の内容が並んでいるので、並列・累加の**イ**「また」が適切です。

(4)

最初に「ど根性ダイコン」を例に挙げて、人によって「雑草」にも「野菜」にもなることを説明しています。その後、「ヨモギ」「セリ」について説明し、さらに「セリ」と合わせて「イネ」も挙げています。よって、例に挙げている植物は四つです。

記述問題ワンポイント

(5)　ダイコンは花壇で増えることがあまりなく、野菜として振る舞っていることが圧倒的に多いから。

文末　「なぜですか」と問われているので、「……から。」のように理由を表す文末表現でまとめます。「……ので。」「……ため。」なども OKです。

説明的文章②

例題

p.26

ⓐ農耕　ⓑ炭水化物

この文章の話題は、農耕による人類の食事の変化（主食が穀類＝炭水化物になったこと）についてです。この話題について言いたいことがまとめて述べられている文（中心文）を探し、その文を基に要点をまとめます。

p.27

(1) エ

(2) 流言やデマ

(1) **2**段落の中心文は最後の一文です。「その方」とは「被災者の方」です。

(2) 「このように」で始まる**3**段落に結論が書かれています。**3**段落の中心文は、「ですから」で始まる最後の一文です。

問題を解こう

p.28～29

(1) 傍線部「非在来型エネルギー源」の欠点は、**2**段落の最後の二文で述べられています。一文ずつ内容をまとめましょう。

● 次の文章を読んで、問題に答えなさい。

1 石油と他の化石燃料との違いは、石油が燃料として使われる以外に化学素材としても貴重な物質であることだろう（石炭もその可能性はあるが、液体である石油の優位性が圧倒的に高い）。合成樹脂、合成繊維、合成ゴム、洗剤、医薬品、農薬や肥料、塗料、染料など、石油で作られないものがないほどである。現代の文明は石油で成り立っているとさえ言える。したがって、石油が枯渇するにつれ値段が上昇していけば、産業や生活に及ぼす悪影響が甚大となる。科学実験の器具なども石油製品が多いのだから、科学の進展にも影響するだろう。

2 エネルギー源として石油に代わるものは天然ガスが筆頭で、それ以外にはオイルシェール（石油分を含んだ頁岩）やメタンハイドレート（シャーベット状になった水分子に閉じ込められたメタンガス）など、いわゆる非在来型エネルギー源の開発が進められている。(1)これらは採掘・精製に石油以上の手間がかかり、海底から漏出しないよう採取する（メタンガスは二酸化炭素の二五倍の温室効果を示す）ための技術開発が不可欠であり、いっそう値段は高くなる可能性がある。さらに、環境破棄も憂慮される。

3 他方、再生可能エネルギー（自然エネルギー）としての太陽光・太陽熱・潮流・地熱・風力・水力・バイオマス[※1]などは、資源の枯渇を心配しなくてよいのと、(2)環境への負荷が小さいという長所がある。□、エネルギー密度が小さいので、必然的に設備を大きくしな

(1) 非在来型エネルギー源 とありますが、「非在来型エネルギー源」にはどのような欠点がありますか。（　）に当てはまる言葉を書き、二つにまとめなさい。　15点×2（30点）

・採掘・精製の手間がかかることや技術開発が不可欠で、

（例）（いっそう）値段が高くなる可能性がある）点

・（例）環境破棄が憂慮される）点

(2) □に当てはまる接続する語句を次から一つ選び、記号で答えなさい。（10点）

ア だから　**イ** しかし　**ウ** また　**エ** ところで　（イ）

(3) **3**段落の要点をまとめたものとして適切なものを次から一つ選び、記号で答えなさい。（10点）

ア 再生可能エネルギーには、太陽光や太陽熱、潮流、地熱、風力、水力、バイオマスなどを利用する。

イ 資源が枯渇する心配がなく、環境への負荷が小さいのが、再生可能エネルギーの長所である。

ウ 再生可能エネルギーは、大きな設備が必要で甚大な費用がかかり、供給が不安定という欠点がある。

エ エネルギー供給の技術の小型化、分散化、多様化につながる再生可能エネルギーを推進すべきだ。

(5) **5**段落冒頭の「つまり」に注目しましょう。**1**～**4**段落の内容を受けて、**5**段落で結論を述べています。**5**段落の内容を与えられた書き出しに続くようにして、指定字数内にまとめます。

今回は、指定字数よりも本文のほうが長いので、短くまとめる必要があります。補足的な内容や、回りくどい言い回しをカットして、表現を短くする工夫をしましょう。

(2) □の前後の内容を確認します。□の前には再生可能エネルギーの長所が書かれていますが、□の後には、「設備を大きくしなければならず、費用も甚大（じんだい）」と、短所が述べられています。長所と短所は逆の内容なので、逆接の「しかし」が適切です。

(3) **3**段落の話題は「再生可能エネルギー」についてです。最後の一文に「〜べきであろう。」と筆者の意見が述べられています。この中心文を基に要点をとらえます。

ければならず、費用も甚大なものとなる。さらに、昼夜、天候、季節などによる差が大きく、供給が不安定になるという欠点もある。このような欠点はあるが、小型化が可能だし（むしろ小型のために柔軟性に富む）、分散型のため機動性に長（た）けており、多様な組み合わせで安定化を図る工夫も可能である。(3)これまでの原発を代表とする大型化・集中化・一様化の技術から、小型化・分散化・多様化の技術への移行として推進すべきであろう。

4 さらに、バイオマス[*1]を使った素材の活用（オイル、医薬品、衣料、染料、木工品など）にもつながる。石油からの合成ではなく、自然にあるものの利用である。(4)それは大きく言えば、中央集中の「お任せ」体質から地方分権の「自立」意識の涵養（かんよう）[*2]という、文明観の転換につながる可能性を秘めている。私はこれを「地上資源文明」と呼ぶことにしている。

5 つまり、(5)石油を中心とした地下資源文明から、地上資源に依拠した文明へと転換するよう力を尽くすことが、これからの科学の重要な目標になるのではないだろうか。有限の地球から科せられた限界を破る契機（けいき）としたいものである。

〈池内了（いけうちさとる）「科学の限界」による〉

＊1 バイオマス…動植物から生まれた、再生可能な有機性資源。化石燃料を除く。
＊2 涵養…徐々に養い育てること。

（エ）

(4) **4**段落の要点をまとめた次の文の□ⓐ・ⓑに当てはまる言葉を、文章中からⓐは十一字で、ⓑは十五字以内で抜き出しなさい。 15点×2（30点）

・ⓐを活用することが、ⓑを秘めている。

ⓐ バイオマスを使った素材

ⓑ 文明観の転換につながる可能性

(5) この文章の要旨を、「今後の科学の重要な目標は、……」に続くように、四十字以内で書きなさい。（20点）

今後の科学の重要な目標は、

例 石油を中心とした地下資源文明から、地上資源文明に転換するよう力を尽くすことだ。

(4) **4**段落の中心文は「それは大きく言えば、……可能性を秘めている。」の一文です。要点をまとめるときには、指示する語句の指す内容を明らかにする必要があります。ここでの「それ」は**4**段落冒頭の「バイオマスを使った素材の活用」を指し示しています。

参考 表現カットの例

石油を中心とした地下資源文明から、地上資源に依拠（カット）した文明へと（に←短く）転換するよう力を尽くすことだ。

↓ 記述問題ワンポイント

記述問題ワンポイント

(5) （今後の科学の重要な目標は、）石油を中心とした地下資源文明から、地上資源文明に転換するよう力を尽くすことだ。

これもOK！ 「石油を中心とした」は、短く「石油中心の」などとまとめてもかまいません。

文末 与えられた書き出しに対応する文末でまとめるため、「目標は、……ことだ（である）。」にします。

文学的文章①

例題 p.30

孝俊の父ちゃん・おれ（にいにい）・由真

登場人物は、孝俊の父ちゃん、「おれ」、由真の三人です。「政さん」は「おれ」と由真の父ちゃんですが、会話に出てくるだけなのでこの場面の登場人物ではありません。また「おれ」は、由真から「にいにい」と呼ばれているので、代わりに「にいにい」と答えても正解です。

p.31

(1) 変な映画の

(2) ⓐクラスメート達 ⓑ見送り

(1) 直後の文に「別れは駅のホームにかぎる」とあり、この考えを実現させるため、「ぼく」は列車で東京に向かうのです。

(2) 第二段落の最初に「みんなが駅に見送りに来てくれた」とあります。この「みんな」とは、「ぼく」の「クラスメート達」のことです。

問題を解こう p.32〜33

(1) 場面をとらえるには、登場人物と出来事を押さえます。この場面の中心人物は「少年」（風間塵）なので、少年が何をしている場面なのかを読み取りましょう。文章中だけでなく、あらすじの内容からもとらえられます。

● 次の文章を読んで、問題に答えなさい。

少年（風間塵）はピアノコンテストで予選を通過し、本選ではプロのオーケストラの伴奏で演奏することになっている。本選のためのリハーサルで、少年はオーケストラの楽団員の立ち位置を調整し始めた。

「すみません、もうちょっとこっちに立ってもらっていいですか？」

コントラバスにまで頼んでいる。

苦笑し、肩をすくめる楽団員もいる。

オーケストラと初共演の少年が、楽器を演奏して数十年クラスの、名うてのプロに立ち位置をご教示なさるとは。

明らかに不快そうな顔の者もいる。

が、少年は平気な顔だ。

「——ここ、場所を変えると、演奏しづらくなるんだけどな」

チューバ担当が、ボソリと不満そうな声を漏らした。

と、少年がパッと振り向いた。

「ああ、そこね、床がひずんでるんです。たぶん、数年前に修理したことがあって、裏から合板を貼るかなんかして、そこだけ重くなって、密度が違うんでしょう。なので、そこの真上に立つと、音が綺麗に伸びていかないんです」

チューバ担当はぎょっとしたように顔を上げた。

皆が顔をちらっと見合わせる。

少年は、平然とピアノの前にやってきて、椅子に腰を下ろした。

「じゃあ、すみません、もう一度、第三楽章お願いします。浅野さ—

小野寺は、信じがたい心地になった。

さっきも大音量で演奏していたと思ったのに、今回のほうがずっと大きい。しかも、風間塵の音に釣られて、いよいよみんな音が大きくなっていく。

楽団員の表情が真剣になっていた——いや、必死になっていると言ったほうがいい——風間塵のピアノに振り落とされまいと、置いていかれまいと、みんなが必死になっている。

〈恩田陸「蜜蜂と遠雷」による〉

＊ トリル…二つの音を素早く交互に弾くこと。

(1) この場面はどのような場面ですか。次の文の［　］ⓐ・ⓑに当てはまる言葉を書きなさい。 15点×2（30点）

・［ⓐ］が、［ⓑ］に指示をして、本選のリハーサルをしている場面。

ⓐ（少年（風間塵））

ⓑ（（プロの）オーケストラ（の楽団員））

(2) ①明らかに不快そうな顔の者もいる。とありますが、それはなぜですか。適切なものを次から一つ選び、記号で答えなさい。（15点）

ア 少年は明らかに経験が浅いのに、プロに指示をしているから。

イ 少年の指示が曖昧で、何をすればいいかわからないから。

(5) 少年の行動や様子に注目します。前半のオーケストラの楽団員とのやりとりでは、「名うてのプロに立ち位置をご教示」「平気な顔」「平然と」など、驚くほど周りの反応に無頓着な少年の様子が描かれています。後半の演奏が始まってからは、「全くゆるぎなく、ピアノに導かれて曲は進む。」「風間塵のピアノに振り落とされまいと、置いていかれまいと、みんなが

(2) ——線①の直前に注目。「オーケストラと初共演」とあるので、少年には実績がなく経験が浅いことがわかります。そんな少年から、演奏歴数十年の「名うてのプロ」が立ち位置を指示されたので、不快に思ったのです。「名うて」とは、〝評判が高く有名なこと〟という意味です。

(3) ②直後に「客席の調律師に向かって叫んで」とあるので、浅野は調律師だとわかります。③直後に「指揮棒を構えた」とあるので、小野寺は指揮者だとわかります。

ん、バランス聴いててくださいねー」

(3)(2)少年は、客席の調律師に向かって叫んでから、③小野寺を見上げ、にこっと笑った。

(3)(3)小野寺は、つられて頷き、言われるがままに指揮棒を構えた。楽団員も狐につままれたような顔でそれに続く。

一瞬の沈黙。

(4)少年が最初の低音部の*トリルを弾き始めた瞬間から④度肝を抜かれた。大きい。

楽団員の目の色が変わる。

音が大きい。

なんとクリアに耳に飛びこんでくることか。

楽団員たちの驚いた顔を見ながら、小野寺は指揮棒を振り下ろす。

条件反射のように、オケも一斉に飛びこむ。

たちまち、ギアが入った。

木管と掛け合いのように上っていくフレーズ。金管が入り、ティンパニの重低音が加わる。

(5)アイウ ピアノのソロ。

確固たる、自信に満ちたリズム。

見えない機関車が、牽引していくように、オケは引っ張られていった。

全くゆるぎなく、ピアノに導かれて曲は進む。

なんて粒の揃った、身の詰まった音なんだ。

弦楽器が掛け合いに加わる。

嘘だろう。

ウ 少年のピアノの音が大きすぎて、調和が取れないから。

エ 少年の言葉遣いが、目上の者に対する礼儀を欠いていたから

（ア）

(3) ②浅野さーん ③小野寺 とは誰ですか。適切なものを次から一つずつ選び、記号で答えなさい。 10点×2（20点）

ア チューバ担当 **イ** 指揮者 **ウ** ティンパニ担当

エ ピアノの指導者 **オ** 調律師

②（オ）③（イ）

(4) ④度肝を抜かれた とありますが、それはなぜですか。文章中の言葉を使って書きなさい。（20点）

例 少年のピアノの音が大きくクリアだったから。

(5) 少年の人物像の説明として適切なものを次から一つ選び、記号で答えなさい。（15点）

ア ピアノの演奏については飛び抜けた才能を発揮するが、オーケストラの知識は乏しい人物。

イ 周囲をあ然とさせるような音楽の才能をもっているが、協調性がなく演奏を乱しがちな人物。

ウ 音楽について飛び抜けた才能をもつ一方、マイペースで周りの人間の心情に無頓着な人物。

エ 音楽の才能があると自負する気持ちが強すぎて、周囲に嫌味な態度を取ってしまう人物。

（ウ）

---

(4) ——線④の直後、少年のピアノの音の描写に注目しましょう。「音が大きい」「クリアに耳に飛びこんでくる」とあります。「少年のピアノの音」が「大きく」「クリア」である、という三点を押さえて書けていれば正解です。

↓ 記述問題ワンポイント

必死になっている。」とあるように、プロのオーケストラを引っ張るほどの飛び抜けた音楽の才能を見せています。よって、**ウ**が正解です。なお、**ア**は「オーケストラの知識は乏しい」、**イ**は「演奏を乱しがち」、**エ**は「才能があると自負する気持ちが強すぎ」「嫌味な態度」が不適です。

記述問題ワンポイント

(4) **少年のピアノの音が大きくクリアだったから。**

これもOK! 「大きく」「クリア」が両方書けていれば、順序はどちらが先でもかまいません。

文末 「なぜ」と理由を問われているので「……から。」のように、理由を表す文末表現にします。

注意 誰のピアノの音かを明確にする必要があるので、「少年の」を書き忘れないようにします。

文学的文章②

例題

p.34

(1) こんな手前

(2) ウ

(1) 傍線部の直後の段落に「こんな手前で、抜かれるわけには行かない。」と、穂波の心情が直接書かれています。

(2) 「あの時とは違う」と自分に言い聞かせ、「格上の相手を恐れ、怯んでしまった中学生の自分」を超えようと挑んでいることがわかります。

p.35

(1) 泣きだしたい気持ち

(2) ウ

(3) イ

(2) 「へへっと笑った」とあるので、カズユキがメッセージを読んでうれしくなったことがわかります。

(3) カズユキがポンカンに書かれたメッセージを見て、両親の愛情を感じ取っていることから、親子のきずなが主題だとわかります。

問題を解こう

p.36~37

(1) ――線①直後の「私」の様子に注目します。「かろうじてうなずいてみせる。」とありますが、「足がもう前に出ない」「つらすぎる」ともあります。応援に応えてうなずいてみせたものの、体がいうことをきかず、つらい気持ちになっているのがわかります。

● 次の文章を読んで、問題に答えなさい。

①「ファイトファイト！　もう一息だ！」かろうじてうなずいてみせる。足がもう前に出ない。まだこれからグラウンドを一周しなければならないなんてつらすぎる。自転車置き場の横を過ぎ、体育館の裏手を通り、やっとグラウンドが見えてくる。ジャージの生徒たちが散らばっている。その明るい場所へ、私は一向に近づいていかないような気がする。走っているのか歩いているのか自分でもわからない。足は上がっているのか、地を這っているだけなのか。それより、この心臓はだいじょうぶなのか。耳か、頭か、もしかすると目の奥が、ガン、ガン、ガン、と規則正しく鳴っている。このガンはラ。ドレミファソラ、の、ラだ。そんなことがわかったってなんにもならない。絶対音感なんてどこかへ行ってしまえ。

汗だくになって走りながら、私の目はトラックの茶色しか見ていない。私の耳は、ガン、ガン、ガン、――と、それからかすかな②旋律をとらえる。どこからか、歌が聞こえる、ような気がする。最初はひとつの声。か細い、頼りない旋律だったのが、次第に声が集まって大きく力強くなっていく。幻聴？　ではない。荒い息と心臓の鼓動と耳鳴りと、それらを超えて歌が聞こえる。何の歌だかわからなかった。ただ、どこかで聞いたことのある歌だと思った。顔を上げて、あたりを見る。足がふらつき、視界が揺れる。その隅に、ジャージの一団がかたまっているのが見える。ふたり、三人、と集まってくる。まんなかにいるのは短パンの小柄な生徒だ。

めに――いつのまにか声を合わせたように。その自然な感情の高まりこそが歌だったんじゃないか。足を引きずり涙を拭いながら私は走っている。歌声が大きくなる。あと少しで、ゴールだ。

〈宮下奈都「よろこびの歌」による〉

(1) ①ファイトファイト！　もう一息だ！　とありますが、こう言われたときの「私」の気持ちとして適切なものを次から一つ選び、記号で答えなさい。（20点）

ア　熱のこもった声援に心を動かされ、他人の優しさに深く感謝している。

イ　かろうじて応援に応えたが、体力が限界に達してますますつらくなっている。

ウ　人の優しさに触れたことで、自分が一人では何もできなかったことを反省している。

エ　自分の力の限界を感じ、応援してくれている人たちに申し訳ないと思っている。

（　イ　）

(2) ②かすかな旋律　とありますが、これは何の旋律でしたか。文章中から抜き出しなさい。（20点）

（（私たちが）合唱コンクールで歌った歌（。））

(3) 1　――線③の次の段落の内容に注目します。「もともと、歌のはじまりはこういうものだったのかもしれない。」として、「よろこびや、祈りや、誰かに届けたい思いを調べに乗せる。」と述べています。また、「自然な感情の高まりこそが歌だったんじゃないか」とも述べています。これらの内容をまとめましょう。

記述問題ワンポイント

(2) ――線②の直後に「歌が聞こえる、ような気がする」とあります。最初は何の歌かわかりませんでしたが、しばらくして自分たちが「合唱コンクールで歌った歌」だと気づきます。「私」を応援するために、同級生が歌ってくれているのです。

はっとした。まさか、と思う。これはもしかして、あの歌、だろうか。あの、私たちが合唱コンクールで歌った歌。最後までうまく歌えなくて、それどころかクラスが全然まとまらず、わずかな自信までなくしていた。あのときの歌とは、まるで別の歌に聞こえる。でも、たしかにあの歌だ。こんな歌だったのか。こんなに素朴で、いきいきと生きるよろこびを歌った歌だったとは。若草が薫り、雲雀が舞う空の下で、若い田舎娘たちが裸足で戯れながら歌を歌っている。トラックを走りながら、目の前にその光景が浮かぶようだ。

私はまったく考え違いをしていた。歌わせよう、歌わせようとした。技巧を重視して、歌う動機も気持ちも置き去りにした。薄暗い教室で、譜面から目を離さず、注意ばかり飛ばして歌わせる歌では決してなかった。聴かせよう、感動させようと歌う歌でもない。これは、まぎれもなく彼女たちの歌、そして私たちの歌だ。

足が震えそうだ。胸が高鳴っている。マラソンのせいばかりではない。曇る目に、原さんが映っている。牧野さんも、柴崎さんも、中溝さんもいる。③歌のはじまりに私たちは立ち会っている。ここにいるみんなが、何もなかったこの場所に歌のはじまるところを確かに見た。

もともと、歌のはじまりはこういうものだったのかもしれない。よろこびや、祈りや、誰かに届けたい思いを調べに乗せる。同級生たちが私に向かって――おそらくは学校一、足の遅い私を励ますた

(3) ③歌のはじまりに私たちは立ち会っている。について、次の各問いに答えなさい。

1 「私」が思う「歌のはじまり」とは、どのようなものですか文章中の言葉を使って書きなさい。（25点）

例 よろこびや祈りや、誰かに届けたい思いなどの、自然な感情の高まりを調べに乗せたもの。

2 このときの「私」の気持ちとして適切なものを次から一つ選び、記号で答えなさい。（15点）

ア 自分の過ちを知って反省している。
イ 思いがけないことに感動している。
ウ 予想外の出来事に驚き慌てている。
エ 同級生のありがたさを痛感している。

（イ）

(4) この文章の主題として適切なものを次から一つ選び、記号で答えなさい。（20点）

ア つらいマラソン
イ 大切な同級生
ウ 合唱コンクールの思い出
エ 歌の原点

（エ）

(4) この文章の山場（盛り上がる場面）に注目します。ここでは、「私」が、クラスメートの歌を聞き、「歌のはじまり」に「立ち会っている」と感じて深く感動している部分が山場です。したがって、**エ**「歌の原点」が主題だとわかります。

2 ――線③前後の「私」の様子に注目します。「私たちの歌だ」と気づいたときに、「足が震えそうだ。胸が高鳴っている。」とあります。また、その後の部分では「涙を拭いながら」走っている様子が描かれています。このような「私」の様子から、歌のはじまりに触れて、深く感動していることがわかります。

記述問題ワンポイント

(3)1 よろこびや祈りや、誰かに届けたい思いなどの、自然な感情の高まりを調べに乗せたもの。

これもOK! 「よろこびや祈りや、誰かに届けたい思い」と「自然な感情の高まり」は、同じような意味なので、どちらか一方が書けていれば正解です。

文末 「どのようなものですか」と問われているので、「……もの。」という形でまとめます。

詩・短歌・俳句

例題1 p.38

(1) ⓐ銀杏 ⓑ鳥

(2) ア

例題2

季語＝桜草

季節＝春

例題1

(1) 黄色い銀杏(いちょう)の葉を、金色の小さな鳥にたとえています。

(2) 普通の語順では「夕日の岡に／銀杏(いちやう)ちるなり」となります。

例題2

桜草は、春に桜に似た花を咲かせます。

p.39

① (1) 波 (2) ②キ ③オ

② (1) 反復（法） (2) 季語＝五月雨 季節＝夏

① (1) 後半で、「よせてはかえす波のささやき」と言いかえられています。

② (1) 「一目見ん」という表現が、くり返されています。

(2) 「五月雨(さみだれ)」は梅雨期（陰暦では五月）に降る小雨のことで、夏の季語です。

問題を解こう p.40～41

1 **(1)** 第一連と第二連は、同じような組み立ての表現になっています。これを対句といいます。また、「鳥は……歌を口ずさむ」、「生まれたての光」には、どちらも人でないものを人に見立てて表現する擬人法が使われています。

1 次の詩を読んで、問題に答えなさい。（35点）

出発　高階杞一(たかしなきいち)

第一連

枝は古い
けれど
鳥は新しい
春ごとに覚えたての歌を口ずさむ

第二連

椅子は古い
けれど
空は新しい
日々生まれたての光をふりそそぐ

第三連

暗く長い冬を読み終えて
ぼくは今日
次のページをめくる

第四連

窓をあけ
新しい鳥の歌を聞くために
新しい光と会うために
そして
新しい場所へと出かけていくために

（(1)擬人法　(1)対句　(2)　(3)）

(1) この詩の第一連と第二連に用いられている表現技法として適切なものを次から二つ選び、記号で答えなさい。5点×2（10点）

ア 直喩　イ 隠喩　ウ 擬人法　エ 倒置
オ 体言止め　カ 反復　キ 対句

（ウ）（キ）

(2) 第三連に用いられている隠喩について説明した次の文の□に当てはまる言葉を、漢字二字で考えて書きなさい。（15点）

「ぼく」の人生を［例 書物］にたとえて表現している。

別解 書籍・読書

(3) この詩にはどのような思いが描かれていますか。適切なものを次から一つ選び、記号で答えなさい。（10点）

ア 他の人が少しも気づいていない鳥や光などの自然の美しさを多くの人に伝えようとする思い。

イ 想像力があれば、どんなにつらい状況であっても心豊かに過ごせるのだという思い。

ウ この先の新しい出会いを求めて、未来に向かって一歩を踏み出そうとする思い。

エ 自分がまだ知らないさまざまなものとの出会いを、これからは大切にしたいという思い。

（ウ）

1 **(2)** 「読み終えて」「ページをめくる」という表現から、人生を本にたとえていることがわかります。

1 **(3)** 題名や第四連に注目します。「新しい鳥の歌」「新しい光」「新しい場所」とあり、新しい出会いを求めて「出発」しようとしている思いが読み取れます。

2 次の短歌・俳句を読んで、問題に答えなさい。（65点）

A やはらかに柳あをめる／北上の岸辺目に見ゆ／泣けとごとくに　石川啄木
（倒置）

B くれなゐの二尺伸びたる薔薇の芽の針やはらかに春雨のふる　正岡子規

C 観覧車回れよ回れ想ひ出は君には一日我には一生　栗木京子
（反復）（対句／体言止め）

D 小春日や石を噛み居る赤蜻蛉　村上鬼城
（季語（冬））（切れ字）（体言止め）

E 桐一葉日当りながら落ちにけり　高浜虚子
（季語（秋））（切れ字）

F 万緑の中や吾子の歯生え初むる　中村草田男
（季語（夏））（切れ字）

G 外にも出よ触るるばかりに春の月　中村汀女
（季語（春）／体言止め）

(1) 次の表現技法を用いた作品をA～Gから全て選び、記号で答えなさい。　完答5点×4（20点）

体言止め（C・D・G）
倒置（A）
反復（C）
対句（C）

(2) D・Eの俳句と同じ季節が描かれているものを次から一つずつ選び、記号で答えなさい。　5点×2（10点）

春 ア 菜の花や月は東に日は西に　与謝蕪村
夏 イ 匙なめて童たのしも夏氷　山口誓子
秋 ウ 星空へ店より林檎あふれをり　橋本多佳子
冬 エ 雪だるま星のおしやべりぺちやくちやと　松本たかし

D（エ）　E（ウ）

(3) 外にも出よ とありますが、なぜ外に誘っているのですか。「……が見られるから。」に続くように書きなさい。（15点）

例（手を伸ばせば触れることができそうな春の月）が見られるから。

(4) 次の①～④は、A～Gのどの作品について説明したものですか一つずつ選び、記号で答えなさい。　5点×4（20点）

① 雨にけぶる情景をありのままに描き写している。
② 鮮やかな色の対比の中で親の愛情が描かれている。
③ 遠い故郷の景色を思い浮かべてなつかしんでいる。
④ 季節外れに生き残った命のはかなさを詠んでいる。

①（B）　②（F）
③（A）　④（D）

2 **(1)** **C**「一生」、**D**「赤蜻蛉」、**G**「春の月」が体言です。

Aは「泣けとごとくに／目に見ゆ」が普通の語順です。

C「回れよ回れ」は同じ言葉がくり返されているので反復、「君には一日」「我には一生」は組み立てが同じなので対句です。

2 **(2)** 季語に注目して季節をとらえます。**D**には、「小春日」と「赤蜻蛉」という季節を表す言葉が二つありますが、切れ字の付いている「小春日」がこの俳句の季語です。小春日とは、まるで春のような暖かな冬の日のことで、冬の季語です。

2 **(3)** 「触るるばかり」とは〝今にも触れそうな〟という意味です。春の月があまりに近く美しく見えたので、「外に出てごらんなさい」と誘ったのです。

⬇ 記述問題ワンポイント

2 **(4)** ①は「雨にけぶる情景」が**B**の「春雨のふる」に対応しています。②は「万緑」と「歯」の白さを鮮やかに対比させながら、子の成長を喜ぶ親の愛情が表現されている**F**を説明しています。③は故郷の「北上の岸辺」を思い浮かべている**A**の説明です。④の「季節外れに生き残った命」とは、冬まで生き延びてしまった**D**の「赤蜻蛉」のことです。

記述問題ワンポイント

2(3) **手を伸ばせば触れることができそうな春の月**（が見られるから。）

これもOK！「**手を伸ばせば触れられそうなほど大きな春の月**」などとまとめてもかまいません。

注意 与えられた言葉「……が見られるから。」に続くようにまとめます。

古文・漢文

例題1 p.42

① われたるように
② おかしけれ

例題2

以て玉を攻むべし

例題1 ①「やう」は「ア段＋う」なので、「オ段＋う」に直します。②「を」は「お」に直します。

例題2 レ点は、まずレ点として下の漢字を読んでから、レ点の付いている漢字を読み、さらに二点の付いている漢字に返って読みます。

p.43

(1) ① しょうと ② いいける
(2) イ
(3) （一）堀池僧正（二）

(2) ——線③の直前に「この名然るべからず」とあります。「榎木僧正」という呼び名が気に入らなかったので、木を切り倒して「榎木僧正」と呼ばれないようにしたのです。

(3) 切り株を掘り捨てた跡が堀になったので、「堀池僧正」と呼ばれたのです。

問題を解こう p.44～45

1 (1) 歴史的仮名遣いのルールに従って、「給ひ」の「ひ」は「い」、「さふらふ」は「そうろう」となります。全て平仮名で答えましょう。

1 (2) 1「七十と云へるよりも、……少し若き心地して」とあります。
2「六十」に「十四」余るので七十四歳です。

1 次の文章を読んで、問題に答えなさい。（50点）

武州[*1]に西王の阿闍梨[*2]と云ふ僧有りけり。「御年は、いくらに①ならせ給ひ候ふぞ（おなりですか）」と、人の問ひければ、「②六十に余り候ふ（六十には余ります）」と云ふに、七十に余りて見えければ、不審に覚えて、「六十には、いくら程余り給へる（六十には、どれほど余っていらっしゃいますか）」と問へば、「十四余りて候ふ」と云ひける。遥かの余りなりけり。七十と云へるよりも、六十と云へば、少し若き心地して、かく云ひける。

人の常の心なり。色代にも（お世辞でも）、「御年よりも、遥かに若く見え給ふ」と云ふは嬉しく、「ことのほかに（ひどく）老いてこそ見え③給へ」と云へば、心細く本意なきは（心細く残念なのは）、人ごとの心なり（誰しも同じ気持ちである）。

〈「沙石集」による〉

（(2)1 七十　(2)2 / (3) 係り結び / (4)）

＊1 武州…武蔵国のこと。今の埼玉県・東京都・神奈川県の東部にかかる地域。
＊2 阿闍梨…僧に対する敬称。

(1) ①ならせ給ひ候ふぞ を現代仮名遣いに直し、全て平仮名で書きなさい。（10点）
（ならせたまいそうろうぞ）

(2) ②六十に余り候ふ について、次の各問いに答えなさい。
1 阿闍梨はなぜこのように答えたのですか。次の（　）に当てはまる言葉を、ⓐは古文から抜き出し、ⓑは現代語で答えなさい。（ⓐ5点・ⓑ10点）（15点）
六十といったほうが、ⓐ（七十）というよりも、ⓑ（例 少し若い気持ちがする）から。
2 阿闍梨は、実際は何歳ですか。漢数字で答えなさい。（5点）
（七十四）歳

(3) ③給へ は係り結びになっています。文章中から係りの助詞を抜き出しなさい。（5点）
（こそ）

(4) この文章が伝えている内容として適切なものを次から一つ選び記号で答えなさい。（15点）
ア 年齢に振り回されるのは、愚かだということ。
イ 修行を積んだ老僧は、思慮深いものだということ。
ウ 人は誰でも、若く見られたいものだということ。
エ 年齢は、その人の価値とは関係ないということ。
（ウ）

1 (3) 文末は本来「給ふ」ですが、係りの助詞「こそ」と結び付いて形が変化しています。

1 (4) 第二段落で〝お世辞でも、若いと言われたら嬉しく、老けて見えると言われたら残念なのは、誰でも同じだ〟とあるので、**ウ**「人は誰でも、若く見られたいものだ」が正解です。

2 (1) 返り点のルールに従って、漢字の読む順序を確認すると、読む順序は「一→言→以→終→身→之→行→可」となります。（「而」は読まない漢字です。）

2 (2) 2　会話文は、「曰く」の直後から「と。」の直前までです。

---

2 次の文章を読んで、問題に答えなさい。（50点）

子貢問ヒテ曰ハク、「有下一言ニシテ而可三以テ終身行二フ之ヲ一者上乎ヤト。」子曰ク、其レ恕カ乎。己ノ所レ不ルレ欲セ、勿カレ施二スコト於人一ニ。〈「論語」による〉

＊1 子貢…孔子の弟子の一人。
＊2 恕…思いやり。

【書き下し文】
子貢問ひて曰く、「［ひと言で（言い表せて）一生行うべき］者有りや。」と。子曰く、其れ恕か。己の欲せざる所は、人に施すこと勿かれと。

(1) 【書き下し文】の□に当てはまる言葉を書きなさい。（10点）
（一言にして以て終身之を行ふべき）

(2) 子曰 について、次の各問いに答えなさい。
1 「子」とは、ここでは誰のことですか。具体的に答えなさい。（5点）
（孔子）
2 「子」がいった言葉は、どこからどこまでですか。漢文中から探し、初めと終わりの漢字二字を書きなさい。（完答10点）
其恕 ～ 於人

(3) 勿施於人 に返り点を付けなさい。（完答10点）
（勿レ施二於人一）

(4) この文章が伝えようとしている内容として適切なものを次から一つ選び、記号で答えなさい。（15点）
ア 一生行うべき目標を決めることが必要だ。
イ 他人に対する思いやりの心が大切だ。
ウ 嫌なことも進んで行うべきだ。
エ 優しい人をもっと大切にするべきだ。
（イ）

---

2 (3) 書き下し文を参考に読む順序を確認すると、「人→施→勿」です。漢文では、「施」と「人」の間に読まない漢字「於」があるので、レ点ではなく一・二点を使います。

2 (4) 子貢の質問に、孔子は「恕（思いやり）」と答えているので、**イ**が正解です。

1の現代語訳

武州に西王の阿闍梨という僧がいた。「お年は、いくつにおなりですか」と、人が尋ねたところ、「六十には余ります」と言うが、七十過ぎに見えたので、疑わしく思って、「六十には、どれほど余っていらっしゃいますか」と尋ねると、「十四余っております」と言った。余りすぎであった。七十と言うより、六十と言うと、少し若いような気持ちになるため、このように言った。人の心の常である。お世辞でも、「お年よりも、ずっと若くお見えになります」と言われるのはうれしいものだし、「ひどく老けてお見えになります」と言われるのは、心細く残念なのは、誰しも同じ気持ちである。

2の現代語訳

子貢が尋ねることには、「ひと言で言い表せて一生行うべきことはありますか。」と。孔子が答えて言うには、「まあ恕だね。（その恕とは、）自分が人からされたくないと思うことを、他人に対してしないことだよ。」と。

入試チャレンジテスト 国語

解答と解説

1

問		解答	採点基準	正誤（○×）を記入	配点
(1)	a	発展			各2 計6
	b	りこ			
	c	操って			
(2)	ⓐ	生まれた国			5
	ⓑ	ウ			3
(3)		エ			2
(4)		ア			2
(5)	ⓐ	遺伝子			5
	ⓑ	人間は言語によって利用される運び手に過ぎない	同意可		6
(6)		言語の、それを話す人々の生活や文化、伝統を、未来へと引き継ぐ役割。	同意可		6
(7)		イ			3
計					38

2

問		解答	採点基準	正誤（○×）を記入	配点
(1)		3（三）画目			2
(2)	a	ちんざ			各2 計4
	b	筋			
(3)		イ			2
(4)		じゃまをしないように、アサガオの花を見ているつぐみに寄りそおうと考えたから。	同意可		6
(5)		朝焼け色の花			5
(6)		つぐみもしっかりとした自分の時間の流れを持って、ゆっくりと着実に成長している	同意可		6
(7)		ウ			3
計					28

3

問		解答	採点基準	正誤（○×）を記入	配点
(1)	1	かわず			各3 計6
	2	季語			
(2)		ウ			3
(3)	ⓐ	数字に刻まれた			各5 計10
	ⓑ	心の静けさ			
計					19

4

問	解答	採点基準	正誤（○×）を記入	配点
(1)	わずらいなかりけり			3
(2)	おがくずの用意	同意可		6
(3)	ウ			3
(4)	エ			3
計				15

1	2	3	4	合計

※この「解答と解説」は，各都道府県発表の解答例を基に文理編集部が作成したもので，内容に関する一切の責任は文理編集部にあります。

1

(2) ――線①の後で「ルーツを見れば、イシグロは日本人ということになりますが、……パーソナリティの大部分は英語文化圏で形成されてきました。（＝ウ）」と述べてから、「彼は生まれた国ではなく、育った国（第一言語を得た国）を自らの母国とした」とまとめています。

(4) ――線②を含む段落にあるように、筆者を含む世界中の人は『利己的な遺伝子』を読んで衝撃を受けています。このような場合にふさわしいのは、「あることがきっかけとなって、急に物事の本質がわかるようになる」という意味の**ア**「目から鱗が落ちる」です。

(5) ⓐ ――線③は、「ドーキンスの論考」と「同じことが言える」ということです。そこで、「ドーキンスの論考」の具体的な内容である「生物は遺伝子によって利用される〝乗り物〟に過ぎない」に着目します。

ⓑ 筆者は――線③の後で、「もしかすると……生きているだけなのかもしれません」という、「人間＝言語の運び手論」を提唱しています。これらを基に、設問で示された文の「生物は［ⓐ］によって……過ぎない」と対応させてまとめましょう。

(6) 直前の「言語も親から子、……受け継がれてきた」から、――線④は言語の役割をたとえたものだとわかります。そこで言語の具体的な役割を探すと、最後の段落に「言語を失えば、……消滅してしまう」「その伝統を、……引き継いでいく」という部分が見つかります。これらを用いて、「言語の、……役割。」という形でまとめましょう。

(7) 筆者は、実際に話す人が減少している「アイヌ語」という具体例を取り上げてから、日本語を話す「人々の生活や文化、そして伝統」を「未来へと引き継いでいくことができるか」どうかは、「現代を生きる私たち日本人にかかって」いる、と述べています。

2

(4) 越は自分が起きる前から「ひたすらアサガオのつぼみを見つめつづけ」ていた「つぐみの横に座りなおした」のですから、アサガオが咲くまで付き合おうとしたのだとわかります。また、「そっと」という表現からは、妹のじゃまをしないように気遣う様子も読み取れます。

(5) ――線②は、朝日が昇る空の様子を描いたものです。このときと同じ色彩で表現された「空以外のもの」を探しましょう。

(6) 越が気づいたことは、直後に「つぐみの中で、時間はこんなふうに流れていたんだ」と述べられています。「こんなふうに」とは、アサガオの花のつぼみが「一時間以上かけて、人間の目ではとうていわからない速度」で咲くような時間の流れを指します。アサガオとつぐみは、「ゆっくりと」ではあるが、「しっかりと」成長しているところが共通していると感じたのです。

(7) ――線④以降は、「山から届く……朝ごはん。」という体言止めや短い文を用いて、「朝の食卓」の光景が描かれています。また、家族がいつもどおりに朝食を取っている中、越は急に「山梨の高校に行く」と両親に告げ、決意を固めています。このような内容に当てはまる**ウ**が正解です。

3

(2) ――線②を含む文は「しかし」という逆接の接続語で始まっているので、芭蕉は、直前の文の蛙の「鳴き声」以外のものに着目したことがわかります。前の二つの段落から、「蛙が飛び込んだ音に耳を傾け」、その音から「生き物の命の躍動を聞き取った」のです。

(3) ⓐ 解説文の最後の段落の一文目に「学校や職場での時間は、数字に刻まれたそれです」とあります。

ⓑ 芭蕉が俳句を詠むときに保っていたものを探します。すると、解説文の二段落目に「落ち着いた心でないと、こんな状況は迎えられません」「心の静けさの中に……飛び込む音だった」「作者の雑念のない心によってすくい取られた音だった」と、くり返されています。これらから、五字という指定字数に合うものを選びます。

4

(2) 人々が「とりためけん用意」に感心したことを踏まえて、前の部分から佐々木隠岐入道が集めたものが何かをとらえます。

(4) 筆者の感想が書かれた最後の部分に着目します。「いみじとおもひける鋸の屑、……異様の事なり。」で、おがくずは、庭に敷くのに不釣り合いなものと述べてから、「庭の儀を……故実なりとぞ。」とまとめていることから、庭のぬかるみを整備するときはおがくずではなく、乾いた砂を用いるのが昔からの慣習なのだとわかります。

巻末の「ふりかえりシート」に、きみの得点を記入しよう！

10日間ふりかえりシート

このテキストで学習したことを，❶～❸の順番でふりかえろう。

❶各単元の 問題を解こう の得点をグラフにして，苦手な単元は復習しよう。
❷付録の「入試チャレンジテスト」を解いて，得点をグラフにしよう。
❸全て終わったら，受験までの残りの期間でやることを整理しておこう。

❶得点を確認する

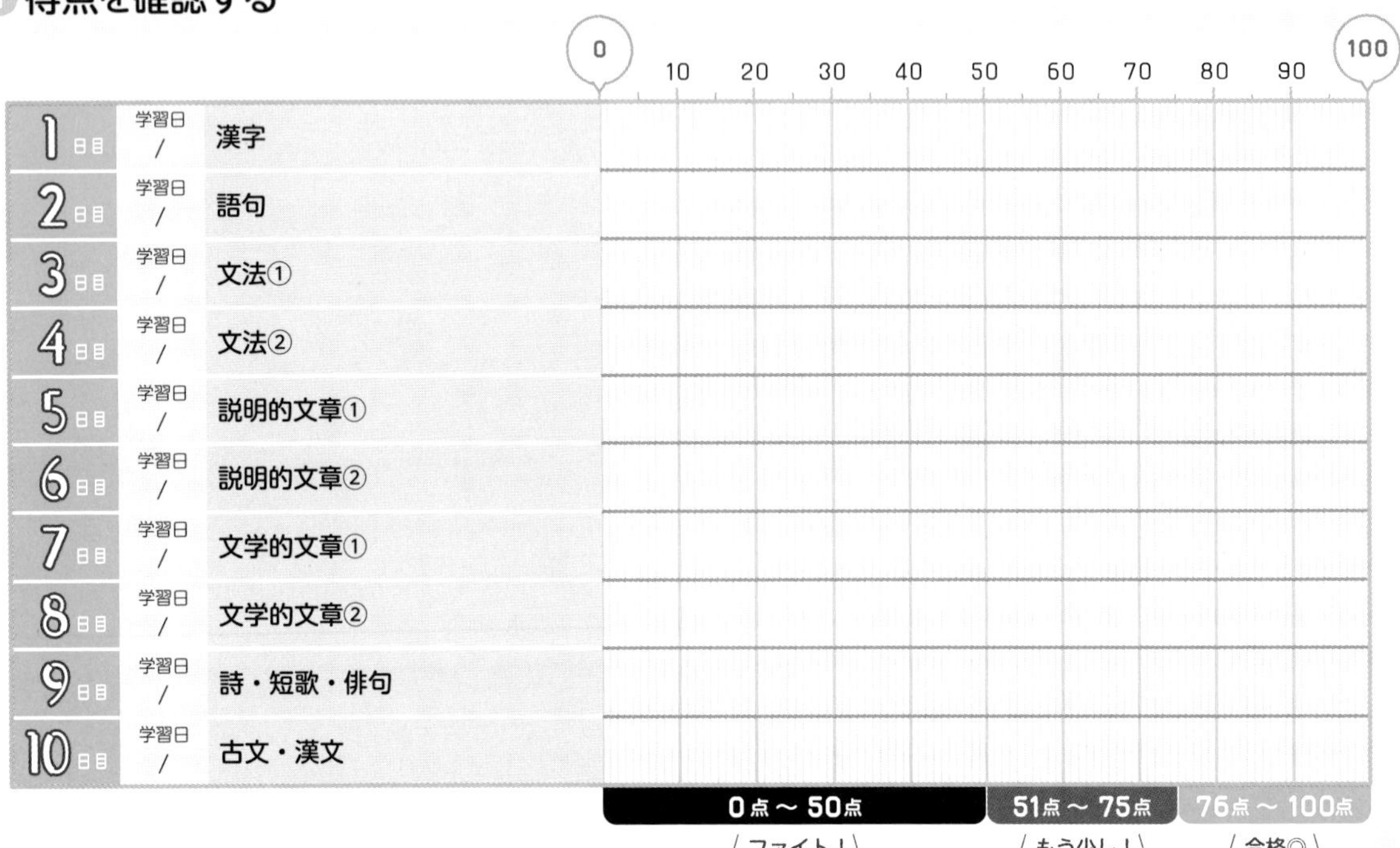

日目	学習日	単元	0	10	20	30	40	50	60	70	80	90	100
1日目	学習日 /	漢字											
2日目	学習日 /	語句											
3日目	学習日 /	文法①											
4日目	学習日 /	文法②											
5日目	学習日 /	説明的文章①											
6日目	学習日 /	説明的文章②											
7日目	学習日 /	文学的文章①											
8日目	学習日 /	文学的文章②											
9日目	学習日 /	詩・短歌・俳句											
10日目	学習日 /	古文・漢文											

0点～50点 ／ファイト！＼
51点～75点 ／もう少し！＼
76点～100点 ／合格◎＼

❷テストの得点を確認する

	0	10	20	30	40	50	60	70	80	90	100
入試チャレンジテスト											

❸受験に向けて，課題を整理する

受験までにやること

-
-
-

合格目ざして
頑張ろうね。

1 0 9 8 7 6 5 4 3 2 ＊ ＊ D C B A